KB202506

종교개혁이란 무엇인가

연세신학문고 10
종교개혁이란 무엇인가

2017년 6월 16일 인쇄
2017년 6월 23일 발행

지은이 | 이양호
펴낸이 | 김영호
펴낸곳 | 도서출판 동연
편   집 | 박연숙 디자인 | 황경실 관리 | 이영주
등   록 | 제1-1383호(1992년 6월 12일)
주   소 | (우 03962) 서울시 마포구 월드컵로 163-3
전   화 | (02) 335-2630/4110
팩   스 | (02) 335-2640
이메일 | yh4321@gmail.com / h-4321@daum.net

ISBN 978-89-6447-319-1 03200
ISBN 978-89-6447-230-9 03200(세트)

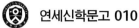
연세신학문고 010

종교개혁이란 무엇인가

이양호 지음

동연

일러두기

이 책은 필자가 지난 해 출간한 『종교개혁: 하나님의 뜻이 이루어지는 세상을 지향하며』(동연, 2016)를 연세신학문고 편집위원회의 요구에 따라, 새로운 제작 형태로 재출판한 것이다. 2016년판 책이 총 22장(신국판 336쪽)인데 비해 이 책은 10장(4*6판 214쪽)으로 구성되어 있다.

머 리 말

2017년은 종교개혁 500주년이 되는 해이다. 종교개혁 500주년을 앞두고 국내외적으로 여러 단체들이 종교개혁 500주년을 기념하기 위해 준비하고 있다. 500주년을 계기로 종교개혁 정신이 더 널리 전파되기를 바라는 마음 간절하다.

종교개혁은 하나님의 뜻이 이루어진 세상을 지향했다. 중세가 교회 혹은 교권주의자들의 뜻이 이루어지는 세상을 지향했고, 르네상스가 인간의 뜻이 이루어진 세상을 지향했다면, 종교개혁자들은 하나님의 뜻을 지향했다. 루터는 "하나님으로 하여금 하나님 되게 하라"라고 외쳤으며, 칼빈은 "하나님께만 영광을" 하고 외쳤다. 종교개혁자들은 한결같이 '오직 하나님의 말씀', '오직 성서'를 주장했다. 종교개혁자들이 지향한 하나님의 뜻이 이루어진 세상은 아직 오지 않았다. 그런 점에서 종교개혁은 여전히 미완의 운동이다. 우리는 종교개혁 운동을 계속해 나갈 사명을 부여받고 있다.

본서는 필자가 그 동안 강의해 오던 내용들, 또는 논문이나 책에서 발표한 내용들을 발췌하여 정리한 것이다. 본서는 대중서로 기획되었다. 그래서 각주를 달지 않았다. 출처를 원하는 분들은 필자의 논문이나 책에서 출처나 혹은 원문들을 찾아볼 수 있을 것이라고 생각한다.

이 책의 출판을 허락해 준 연세대학교 신과대학과 도서출판 동연에 깊은 감사를 드린다.

연세대학교 신학관에서

이양호

차 례

1. 종교개혁의 신율적 특성

우리가 어떤 대상을 연구할 때 택할 수 있는 방법 가운데
하나는 비교해 보는 것이다. 종교개혁 시대 이전에 중세 시대
가 있었고 또 르네상스 시대가 있었다.

중세 시대는 교권이 중심이 되는 타율(他律)의 시대였다.
이에 반해 르네상스 시대는 자율(自律)을 강조하는 시대였다.
그렇다면 종교개혁은 무엇을 주장하였다고 할 수 있겠는가?
종교개혁은 타율도 자율도 아닌 신율(神律)을 주장하였다고
할 수 있다.

영국의 학자인 왓슨(Philip S. Watson)의 루터 신학 연구서

로 *Let God Be God: An Introduction of the Theology of Martin Luther*("하나님으로 하여금 하나님 되게 하라: 마르틴 루터 신학 개론")라는 책이 있다. "하나님으로 하여금 하나님 되게 하라"는 말은 루터가 종종 한 말인 동시에 루터의 사상을 잘 요약해 주는 말이기도 하다. 중세 시대는 교권이 지배하던 시대였다. 이에 대해 르네상스 인문주의자들은 교권의 지배에 대해 "인간으로 하여금 인간 되게 하라"라고 하는 인간 해방 운동을 전개하였다. 다른 한편 종교개혁자인 루터는 하나님의 권한을 침해한 교권에 대해 "하나님으로 하여금 하나님 되게 하라"라고 주장한 것이다.

중세가 교회 중심의 타율의 시대였다고 하고, 르네상스가 인간 중심의 자율을 강조하던 시대였다고 한다면, 종교개혁은 하나님 중심의 신율을 주장하였다. '하나님의 뜻을 따르는 인간', '하나님의 뜻이 이루어진 사회' 이것이 종교개혁이 지향하던 것이었다. 동시에 이것은 성서가 지향하는 것이기도 하다.

"나의 거룩한 산 모든 곳에서 해됨도 없고 상함도 없을 것이니 이는 물이 바다를 덮음같이 여호와를 아는 지식이 세상에 충만

할 것임이니라"(이사야 11:9).

"나 여호와가 말하노라 그러나 그 날 후에 내가 이스라엘 집에 세울 언약은 이러하니 곧 내가 나의 법을 그들의 속에 두며 그 마음에 기록하여 나는 그들의 하나님이 되고 그들은 내 백성이 될 것이라 그들이 다시는 각기 이웃과 형제를 가리켜 이르기를 너는 여호와를 알라 하지 아니하리니 이는 작은 자로부터 큰 자까지 다 나를 앎이니라 내가 그들의 죄악을 사하고 다시는 그 죄를 기억지 아니하리라 여호와의 말이니라"(예레미야 31:33-34).

"나라이 임하옵시며 뜻이 하늘에서 이룬 것같이 땅에서도 이루어지이다"(마태복음 6:10).

하나님의 법[神律, theonomy= theos (하나님) + nomos (법)]이 모든 사람들의 마음에 새겨져 모든 사람들이 그 법대로 살아가는 사회, 이것이 성서가 지향하는 사회이고, 종교개혁이 지향하던 사회이었다. 동시에 이것은 철학자 칸트가 그의 『실천 이성 비판』에서 "네 의지의 준칙이 항상 (주관적인) 동시에 보편적인 법칙 수립이라는 원리로서 타당할 수 있도록 행위하라"고 말한 것과 일맥상통한 것이다.

2. 종교개혁이라는 말의 의미

중세 서구에서 근대 서구로 넘어가는 과정에 세 가지 큰 운동이 있었다. 그것은 영어로 Renaissance, Reformation, Revolution이다. 영어로 Re-로 시작되는 이 운동들은 서구 사회를 크게 바꾸어 놓았다. 영어에는 이 말들 앞에 수식하는 말이 없지만, 우리말에는 수식하는 말이 각기 다르다. Renaissance에는 문예가 첨가되어 문예부흥이라 하고, Reformation에는 종교가 첨가되어 종교개혁이라고 하고, Revolution에는 시민이 첨가되어 시민혁명이라고 한다. Renaissance는 새로운 문화의 탄생인 동시에 고대 그리스 로마 문화로의 회귀이고, Reformation은 종교의 형태(form)의 변화인 동시에 고대 교회로의 회귀이며, Revolution은 정치의 회전인 동시에 고대 그리스의 도시 민주주의와 로마의 공화정으로의 회귀이었다.

고대 그리스 철학자인 아리스토텔레스에 의하면 존재하는 것은 form(형태)과 matter(질료)로 되어 있다. 강의실에서 사

용하는 백묵을 예로 든다면 백묵의 form은 원통형이며, 질료
는 횟가루이다. 이 백묵을 가루로 만들어 벽에 바르면 하얀 벽
이 될 수 있다. 이처럼 같은 재료라도 form에 따라 다른 존재
가 될 수 있다. 기독교의 재료는 그대로 이지만 form을 변형
하면 다른 존재가 될 수 있는 것이다. Reformation은 기독교
의 form을 바꾸려는 운동인 동시에 그 form을 중세의 form
이 아니라 성서와 초대 교회의 form으로 되돌려 놓으려는 운
동이었다.

3. 종교개혁의 시대 구분

다음으로 우리가 생각해 보려고 하는 문제는 종교개혁의
시대 구분이다. 종교개혁은 중세에 속하는가 아니면 근세에
속하는가 하는 문제이다. 에른스트 트뢸취(Ernst Troeltsch)
는 종교개혁은 중세의 권위주의적 세계관을 가지고 있었다고
하였다. 그래서 종교개혁은 중세의 연장에 있으며, 근세는 18
세기 계몽 운동으로부터 시작되었다고 하였다. 이에 반해서
칼 홀(Karl Holl)은 루터와 종교개혁자들은 근대 문화 발전에

공헌했다고 하였다. 특히 인격이란 개념과 공동체라는 개념
에서 그러하다고 하였다.

이 문제에 대해 우리는 칼 홀의 입장을 지지한다. 근대 서
구에 있어서 정치적인 면에서의 민주주의, 경제적인 면에서
의 자본주의, 사회적인 면에서의 복지주의라고 하는 것이 다
종교개혁의 산물이다. 나아가서 근대의 과학도 종교개혁의
산물이다. 종교개혁은 중세의 연장이 아니라 근대 문화를 세
우는데 결정적으로 공헌하였다.

이처럼 종교개혁이 근대에 많은 영향을 끼쳤음에도 불구
하고 앞에서 말한 바와 같이 종교개혁과 근대는 구별되어야
한다. 근대가 자율적인 문화라면, 종교개혁은 신율적인 문화
를 지향하였다. 종교개혁자들은 어떻게 하면 하나님의 뜻대
로 할 것인가 하는 데 관심을 가졌다. 그러나 그런 사회는 아직
이루어지지 않았다. 그런 점에서 종교개혁은 미완의 개혁 운
동이었다. 모든 사람들의 마음속에 하나님의 뜻이 심어지고
그 공통된 하나님의 뜻을 따라 사는 사회를 만들려는 것이 종
교개혁 운동이었다.

4. 르네상스와 종교개혁의 관계

다음으로 우리가 다루려고 하는 문제는 르네상스와 종교개혁은 어떤 관계에 있는가 하는 것이다. 종교개혁과 르네상스는 대립적인가, 아니면 종교개혁은 르네상스의 성취인가 하는 문제이다. 이에 대해 에노 반 겔더(Enno van Gelder)는 종교개혁은 에라스무스 혹은 몽테뉴 등의 인문주의와는 상반된다고 주장하였다. 그러나 부스마(William J. Bouwsma)는 종교개혁은 르네상스의 신학적 성취라고 보았다.

하지만 하나로 일반화시키기 어려울 것 같다. 종교개혁자들은 입장이 다양하였다. 그 예로 대표적인 세 명의 종교개혁자들의 경우를 보면 츠빙글리는 인문주의적 입장이고, 루터는 인문적인 것과는 상반되고, 칼빈은 이 두 사람의 중간이었다. 그러나 크게 보면 종교개혁은 르네상스 인문주의의 영향을 받았다고 할 수 있을 것이다.

제1장

종교개혁의
신앙 원리는 무엇인가

1. 서언

지금까지 한국 교회에서는 종교개혁 원리를 몇 마디의 말로 요약해 왔다. 예컨대 '칭의', '오직 은혜로', '오직 신앙으로', '오직 그리스도', '죄인인 동시에 의인' 등등이다. 이 말들의 라틴어는 목회자들과 신학도들, 그리고 신학에 관심이 있는 평신도들에게까지 익숙하다. 즉, Justificatio, Sola Gratia, Sola Fide, Solus Christus, Simul Justus et Peccator 등등이다. 그리고 한국 교회의 목회자들과 신학도들은 이 말의 뜻을 잘 이해하고 있다고 생각하고 있으며, 자신들이 이해한 것을 교인들에게 가르쳐 왔다. 그리고 그런 이해에 따라 성경을 보아 왔다. 그 결과 로마서 3장 10절부터 30절까지가 선호하는 성경 말씀이었다. 로마서의 다른 말씀은 말할 것도 없고 로마서

3장 30절 바로 다음에 나오는 31절마저 간과되어 왔다.

한국교회가 이들 단어들로 이해하고 있는 종교개혁 원리는, 우리가 믿을 때 하나님이 그리스도로 말미암아 값없이 우리를 의롭다고 인정해 주므로 우리는 사실상 죄인이지만 의인으로 간주해 준다는 것이다. 한국의 그리스도인들은 이런 눈으로 성경을 보기 때문에 성경의 다른 말씀들은 눈에 잘 들어오지 않는다. 고린도전서 3장 15절에서는 "오늘까지 모세의 글을 읽을 때에 수건이 오히려 그 마음을 덮었도다"라는 말씀이 있지만, 오늘날 한국 그리스도인들은 사도 바울이 말한 것과는 다른 수건이 그 마음을 덮고 있다고 할 수 있다. 그 수건 때문에 복음서에 나오는 산상 설교를 비롯한 그리스도의 주옥 같은 말씀들이 자기와는 무관한 말씀들로 여겨지고 있다. 그런데 독일의 신학자인 본회퍼가 "값싼 은총" 대신에 "값비싼 은총"을 주장한 것을 보면 종교개혁의 고향인 독일의 상황도 우리의 상황과 다르지 않은 것 같다.

한국의 그리스도인들은 이들 단어들은 잘 알고 있지만, 종교개혁자들의 글들은 직접 읽어 보지 않았기 때문에 그 단어들의 뜻을 피상적으로만 알고 있다. 우리는 여기서 종교개혁자들의 글들을 상고하면서 이들 단어들의 깊은 의미를 살펴보려고 한다.

2. 득의Justificatio

한국 교회는 종교개혁의 중심 교리는 이신칭의 혹은 신앙의인이라고 가르쳐 왔다. 이전 세대는 이신득의(以信得義)라고 말하였다. 영어의 justification에 해당하는 라틴어 *justificatio*는 우리말로 번역하기 쉽지 않은 말이다. 한국 가톨릭교회에서는 이 말을 의화(義化)로 번역한다. 의롭게 된다는 뜻이다. 개신교에서는 이 말을 다양하게 칭의(稱義), 의인(義認), 인의(認義) 등등으로 번역한다. 개신교에서는 *justificatio*는 의롭게 되는 것이 아니라, 실제로는 의롭지 않지만 의롭다고 인정해 주는 것, 혹은 의롭다고 간주해 주는 것으로 해석하는 경향이 있다.

종교개혁자들이 큰 영향을 받은 초대 교부인 아우구스티누스는 득의를 의롭다 하는 것과 의롭게 되는 것으로 이해하였다. 우선 아우구스티누스는 『영과 문자』에서 의롭다 함을 받는 것을 의롭게 되는 것으로 이해하고 있다. "'의롭다 함을 받는다'는 단어는 '의롭게 만들어진다는 것'과 동의어이다. 즉, 불경건한 자를 의롭다 하는 그분에 의해 의롭게 만들어지는 것이다. 이는 불경건한 자가 의롭게 되게 하기 위한 것이다." 그런데 아우구스티누스는 한편으로는 의롭다 함을 받는다는 것을 의롭다고 간주된다는 뜻으로 이해하기도 하였다. "여기서 '의롭다 함을 받을 것이다'는 '의롭다 여겨질 것이다,' '의롭다 간주될 것이다'를 뜻한다고 우리는 생각해야 한다. 누가복음에 기록된 것처럼 율법사가 '자기를 옳게 보이려고,' 즉 의롭다 여겨지거나 의롭다 간주되려고 한 경우와 같다." 요컨대, 아우구스티누스는 justificatio라는 말을 의롭다고 간주해 주며, 의롭게 만들어 주는 것으로 이해하였다. 아우구스티누스 안에는 의화 사상과 칭의 사상이 공존하였다.

　루터는 1517년 5월 18일 그의 친구 랑(Johannes Lang)에게 보낸 편지에서 "우리 신학과 성 아우구스티누스가 많은 진전을 보이고 있으며, 하나님의 도움으로 우리 대학교를 지배하고 있습니다"라고 말하였다. 그러나 루터는 후에 그의 "자서전적 단편"에서 이렇게 말하였다. "후에 나는 아우구스티누스의 『영과 문자』를 읽었는데, 거기서 나는 내 기대에 반하여 그도 역시 하나님의 의를 비슷한 방식으로, 즉 하나님이 우리를 의롭다 할 때 하나님이 우리에게 옷 입혀 주는 의로 해석하고 있음을 발견하였다. 이것이 지금까지 불완전하게 언급되어 왔으며, 그리고 그가 전가(imputation)에 관한 모든 것들을 분명하게 설명하지 않았지만, 그가 우리가 의롭다 함을 받는 하나님의 의를 가르친 것은 기쁜 일이었다. 나는 이런 사상들로 더욱 완전히 무장하여 두 번째로 『시편』을 해석하기 시작하였다." 또한 루터는 이렇게 말하기도 하였다. "아우구스티누스는 모든 스콜라 학자들보다 바울의 의미에 더 접근하였다. 그러나 그는 바울에게 도달하지는 못하였다. 처음에 나는 아우구스티누스를 그대로 받아들였으나 바울을 향한 문이 활짝 열리고 내가 이신득의가 사실상 무엇인지 알았을 때 그것은 아우구스티누스와 불일치하였다." 루터는 시편 주석에서 득의의 두 부분에 대하여 이렇게 말하였다. "이것들이 득의의 두 부분이다. 첫째는 그리스도를 통해 계시되는 은총이다. 즉, 그리스도를 통해 우리가 은혜로운 하나님을 가지는 것이다. 그래서 죄가 더 이상 우리를 고발할 수 없다. 우리의 양심은 하나님의 자비에 대한 신뢰를 통해 평화를 발견하였다. 두 번째 부분은 성령과 함께 성령의 은사들을 수여하는 것이다. 성령은 영과 육의 부정에 거슬러 우리를 조명한다"(고후 7:1). 요컨대 루터는 득의의 두 부분을 구별하였다. 그런데 루터가 보기에 아우구스티누스는 득의의 두 부분을 충분히 구별하지 못하였던 것 같았다.

또한 루터는 "두 종류의 의"라는 설교에서 의에는 두 종류가 있다고 말하였다. 하나는 '외래적 의'로서 그리스도가 우리에게 주는 의이고, 다른 하나는 우리의 '고유한 의'로서 우리가 실제로 의롭게 되는 것이라고 하였다. 루터는 외래적 의에 대하여 이렇게 말하였다. "인간의 죄에 두 종류가 있듯이 그리스도인의 의에도 두 종류가 있습니다. 첫째 것은 외래적인 의입니다. 즉 밖에서부터 스며들어온 다른 분의 의입니다. … 그러므로 그리스도에 대한 신앙을 통해 그리스도의 의가 우리의 의가 되며 그가 가진 모든 것이 우리의 것이 됩니다. … 이것은 무한한 의이며 모든 죄를 한 순간에 없애 버리는 것입니다. 왜냐하면 그리스도 안에 죄가 존재한다는 것은 불가능하기 때문입니다. 반대로, 그리스도를 신뢰하는 자는 그리스도 안에 존재합니다. 그는 그리스도와 함께 있는 자이며, 그리스도가 가진 것과 똑같은 의를 가진 자입니다. 그러므로 죄가 그 안에 남아 있다는 것은 불가능합니다." 루터의 이 설교에서 첫째 의, 즉 외래적 의라고 하는 점에서는 의가 완전한 의이다. 여기서 의는 무한한 의이며 죄를 한 순간에 없애 버리는 의이며 죄가 조금도 남아 있을 수 없는 의이다. 그러나 둘째 의라고 하는 점에서는 그렇지 않다. "두 번째 종류의 의는 우리 자신의 의입니다. 그러나 우리 자신의 의라고 하는 것은 우리가 혼자서 그것을 행하기 때문이 아니라 외래적인 첫 번째 의와 더불어 우리가 그것을 행하기 때문입니다. 이것은 선한 행실을 하면서 유익하게 보내는 삶의 방식인데, 첫째는 자기에 대해서는 육을 죽이고 욕망을 십자가에 못 박는 것입니다. … 둘째로 이 의는 이웃을 사랑하는 데 있으며, 셋째로 하나님에 대해 온순하고 두려워하는 데 있습니다. … 이 의는 첫째 유형의 의의 산물입니다. … 이 의는 언제나 옛 아담을 제거하고 죄의 몸을 멸하려고 노력하기 때문에 첫째 의를 완성해 가는 것입니다."

루터는 득의의 두 부분을 구별해야 한다고 주장하였지만,

칼빈은 멜란히톤처럼 한 걸음 더 나아가 득의의 이 두 부분에 대해 다른 명칭을 부여하였다. 즉, 의롭다고 인정해 주는 것은 Justification(득의)이고 의롭게 되는 것은 Regeneration(중생) 혹은 Sanctification(성화)이라고 하였다. 득의와 중생의 관계에 대해 칼빈은 이 둘이 동일한 것도 아니며, 그렇다고 분리되는 것도 아니라고 보았다. 우선 칼빈은 득의와 중생은 동일한 것이 아니라 구별되는 것이라고 보았기 때문에 득의와 중생을 동일시한 오지안더(Andreas Osiander)를 비판하였다. "오지안더는 중생의 저 선물과 이 값없는 용납을 혼합하고 그것들을 하나요 동일하다고 주장한다"라고 칼빈은 말하였다. 칼빈은 득의와 중생은 분리되지 않지만 구별되어야 한다고 주장하였다. "득의의 은총은 중생과 분리되지 않으나 그것들은 구별된다. 죄의 흔적들이 의인들 안에 항상 남아 있다는 것이 경험에 의해 매우 잘 알려져 있기 때문에 그들의 득의는 삶의 새로움을 향한 개혁과는 전적으로 구별되어야 한다(롬 6:4 참조). 하나님은 그의 선택자 안에서 이 두 번째 점을 시작하고 그 안에서 일생을 통해 점진적으로 때로는 천천히 진보시키므로 그들은 항상 그의 심판대 앞에서 사형 선고를 받을 위험이 있다." 칼빈은 득의론에 있어서 의의 부여가 아니라 의의 전가임을 분명히 주장하였다. 칼빈은 "우리는 신앙만을 통해 하나님의 자비에 의해 값없는 의를 얻는다"라고 말하였으며, 득의는 "하나님이 그의 사랑 속에서 우리를 의로운 사람들로 받아들이는 것"이라고 말하였다. 칼빈은 오지안더가 "to justify (의롭다 함)"를 "to make righteous(의롭게 만듦)"로 설명한다고 비판하였다. 칼빈은 오지안더의 주장에 반해 득의와 중생을 구별하였지만, 그러나 칼빈은 득의와 중생을 분리시키지는 않았다. "삶의 실제적 거룩함은 의의 값없는 전가와 분리되지 않는다"고 칼빈은 말하였다. 또한 칼빈은 이렇게 말하였다. "그는 우리에게 의로움과 지혜와 거룩함과 구속함이 되셨다 (고전 1:30). 그러므로 그리스도는 동시에 성화하지 않고 아무도 의롭다 하지 않는다. 이 유익들은 영원하고 분리할 수 없는 띠에 의해 결합되어 있다. 그래서 그가 그의 지혜로 조명한 자들을 그가 구원한다. 그가 구원한 자들을 그가 의롭다 한다. 그가 의롭다 한 자들을 그가 성화한다." 또한 칼빈은 "그리스도가 부분들로 나누어질 수 없듯이 우리가 그 안에서 인식하는 이 두 가지, 즉 의와 성화는 함께 결합되어 분리될 수 없다"

고 말하였다. 칼빈은 득의와 중생의 관계를 한 마디로 이렇게 요약하였다. "우리는 행함 없이 의롭다 함을 받지 않지만 행함을 통해서 의롭다 함을 받는 것도 아니다. 왜냐하면 우리를 의롭게 하는 그리스도에 대한 우리의 참여에 있어서 성화는 의와 마찬가지로 포함되기 때문이다."

칼빈은 중생 안에 성화를 포함시킨 반면 후에 웨슬리는 중생과 성화를 출생과 성장의 관계로 구별하였다. 웨슬리는 그의 한 설교에서 다음과 같이 말하였다. "새로운 탄생은 성화와 동일하지 않다. 참으로 이것은 많은 사람들에 의해 당연하게 여겨진다. 특히 한 저명한 저술가가 그리스도인의 중생의 본질과 근거들에 관한 그의 최근의 논저에서 이것을 당연하게 여겼다. 이 논저에 대해 제기할 수 있는 몇 가지 중요한 반론들을 제쳐놓는다 하더라도 다음은 명백한 것이다. 이 논저는 처음부터 끝까지 중생을 점진적인 일, 즉 우리가 하나님을 향해 처음 전향한 시간 이후 늦은 속도로 영혼 안에 이루어지는 것이라고 말한다. 이것은 틀림없이 성화에 대해서는 사실이다. 그러나 중생, 즉 새로운 출생에 대해서는 사실이 아니다. 중생은 성화의 일부이지 전체가 아니다. 중생은 성화에 들어가는 문, 그것에 들어가는 입구이다. 우리가 다시 태어날 때 우리의 성화, 우리의 내적, 외적 거룩함은 시작된다. 그 후 우리는 점진적으로 "우리의 머리인 그에게까지 자라도록" 되어 있다. 사도의 이 표현은 이 둘 사이의 차이를 예찬할 만하게 밝혀주며, 그리고 나아가서 자연적인 것과 영적인 것 사이에 있는 정확한 유비를 지적해 준다. 한 아기는 여인에게서 한 순간 혹은 적어도 매우 짧은 시간에 태어난다. 그 후 그는 어른의 신장에 이르기까지 점차 서서히 성장한다. 마찬가지로 한 아이가 하나님에게서 짧은 시간—한 순간이 아니라고 한다면—에 태어난다. 그러나 그는 그 후 늦은 속도로 그리스도의 충만한 신장의 분량에까지 자란다. 그러므로 우리의 자연적 출생과 우리의 성장 사이에 있는 동일한 관계가 우리의 새로운 출생과 우리의 성화 사이에도 있다."

요약하자면 아우구스티누스는 득의, 중생, 성화를 하나로 보았다. 루터는 득의 안에 중생과 성화가 포함되지만 구별되어야 한다고 보았다. 칼빈은 이분하여 득의와 중생을 구별하였다. 웨슬리는 삼분하여 득의와 중생과 성화를 구별하였다. 그러나 그들 모두는 우리가 하나님의 은총에 의해 신앙으로

말미암아 의롭다 인정받고 의롭게 된다고 주장하였다. 한국
교회가 의롭다 인정받는 것만 강조하지 않고, 의롭다 인정받
는 것과 함께 의롭게 되는 것을 강조할 때 종교개혁의 신앙 원
리를 회복하는 것이 될 것이다.

3. 오직 은총으로Sola Gratia

한국 교회는 종교개혁의 중심 원리는 '오직 은혜로'라고 가
르쳐 왔다. 그리고 교회에서 무슨 문제가 있을 때 "은혜로 합
시다" 하는 말을 해 왔다. 은혜라는 말은 무언가 쉽게 하는 것
으로 이해되고 있다. 이것은 비단 우리 한국 교회의 문제만은
아닌 것 같다. 전술한 바와 같이 독일의 신학자인 본회퍼가
"값비싼 은혜"라는 표현을 사용한 것을 보면 종교개혁의 본거
지인 독일에서도 은혜는 값싸게 여겨진 것 같다. 그래서 본회
퍼는 "값비싼 은혜"라는 명사(名辭) 모순의 표현을 사용한 것
같다. 은혜는 거저 주는 것인 것 같은데, 그 은혜가 값비싸다
면 분명히 모순이다. 본회퍼는 이처럼 모순되는 말을 사용해
야 프로테스탄트의 진리를 제대로 표현할 수 있다고 판단한

것 같다.

폴 틸리히의 저서『그리스도교 사상사』는 그의 강의를 후진들이 편찬한 것이다. 그는 이 강의에서 처음에는 종교개혁의 질료적 원리는 justification by faith(신앙에 의한 득의)라고 말하였다가 이것을 수정하여 justification *by* grace *through* faith(은총에 의한 신앙을 통한 득의)라고 말해야 한다고 말하였다. "종교개혁의 질료적 원리는 신앙에 의한 득의의 교리, 혹은 오히려 은총에 의한 신앙을 통한 득의의 교리이다. 내가 방금 실수로 말한 것을 절대로 말해서는 안 되고, 항상 은총에 **의한** 신앙을 **통한** 칭의라고 말해야 한다. 의롭다 하는 능력은 하나님의 은총이다. 인간이 이 은총을 받는 통로가 신앙이다. 신앙은 결코 원인이 아니며 단지 통로이다." 폴 틸리히가 자기 말을 수정한 것처럼 우리가 의롭다 함을 받는 것은 은총에 의해서이며, 신앙은 그 은총을 받는 통로이다. 에베소서 2장 8절에서는 이렇게 분명하게 말하고 있다. "너희가 그 은혜를 인하여 믿음으로 말미암아 구원을 얻었나니."

개신교 교리의 핵심이 justification by grace(은총에 의한 득의)임이 분명하다. 그러나 by grace(은총에 의한)이니까 이것은 수단이다. 수단이 있으면 목적이 있는 것이다. 목적은 무엇인가. 그것은 의롭다 인정받는 것이고 의롭게 되는 것이다. 많은 사람들이 루터를 잘못 이해하고 있다. 루터가 단순히 은총을 강조했다고 잘못 이해하고 있다. 루터는 의롭게 되는 수단으로 은총을 주장한 것이다. 강조는 의롭게 되는 데 있다. 루터는 특별히 산상 설교를 강조했다. 모든 그리스도인이 산상 설교를 비롯하여 예수님의 가르침을 다 지켜야 한다고 주장하였다. 한국 교회는 중세 교회는 행함을 강조하고 루터는 그렇지 않았다고 생각하고 있다. 그러나 이것은 루터를 오해한 것이다. 오히려 중세 교회는 성서의 말씀을 권고(counsel)와 명령(precept)으로 구분하여, 수도사는 권고와 명령을 다 지켜야 하지만 일반 신도는 명령만 지키면 된다고 가르쳤으나, 루터는 산상 설교를 비롯한 예수님의 모든 가르침을 모든 신자들이 다 지켜야 한다고 가르쳤다. 루터는 이렇게 말하였다. "마태복음 5 (:44)에서 '너희 원수를 사랑하고 너희를 미워하는 자들에게 선을 행하라'고 하였다. … 그런 계명들에 대해 그들(중세 신학자들)은 완전한 자들을 위한 '권고들'이라고 한다. 그들은 그리스도인의 가르침과 그리스도인들을 두 부류로 나눈다. 한 부류를 그들은 완전한 자들이라고 부르고, 그 부류에는 권고들을 부과한다. 다른 부류를 그들은 불완전한 자들이라고 부르고, 그 부류에는 계명들을 부과한다. 이것을 그들은 어떤 성서적 근거도 없이 방자하게 그들 멋대로 행한다. 그들은 그리스도가 이 동일한 구절에서 자신의 가르침을 강조하여 한 단어도 제쳐 놓기를 원하지 않으며 원수를 사랑하지 않는 자들은 지옥의 형벌을 받는다고 말한 것을 보지 못한다. 그러므로 우리는 이 구절들을 다르게 해석해야 하는데, 즉 그리스도의 말씀들은 완전한 자나 불완전한 자나 모두에게 똑같이 적용되도록 해석해야 한다." 루터에 의하면 그리스도인들은 오른편 뺨을 치면 왼편도 돌려 대야 한다. 구하는 자에게 주어야 하며 꾸고자 하는 자에게 이자를 받지 않고 꾸어 주어야 한다. 그러나 이것은 인간의 힘으로 할 수 없다. 오직 은총의 힘으로 할 수 있다. 이것이 루터가 "오직 은총으로"라고 말했을 때의 의미이다. 우리는 산상 설교를 율법주의적인 강요에 의해서 지킬 수 없다. 누가 오른편 뺨을 치면 왼편을 돌려 대라고 강요를 한다면 반발할 것이다. 다만 인간이 하나님의 은총에 의해서 감동될 때 이런 일을 할 수 있다는 것이다.

은총 아래 사는 삶은 다른 사람의 잘못을 눈감아 주고 사는 삶과는 다르다. 루터는 "두 종류의 의"라는 설교에서 그리스도인을 세 부류로 나누었다. 루터는 이렇게 말하였다. "자기 자신의 현안 문제를 가지고 있는 사인(私人)들은 세 종류로 나눌 수 있습니다. 첫째로 하나님의 대리인들에게 복수와 판결을 해주도록 요청하는 자들입니다. 그런데 지금 이런 사람들은 그 수가 매우 많습니다. 바울은 그런 사람들을 묵인합니다. 그러나 그가 고린도전서 6장 12절에서 '모든 것이 내게 합법적이지만 다 유익한 것이 아니요'라고 말한 것을 보아 그들에게 찬성하지 않습니다. … 둘째 부류에는 복수를 바라지 않는 자들이 있습니다. 반대로 그들은 복음서에 따라(마 5:40) 속옷을 취하고자 하는 자들에게 겉옷도 줄 준비가 되어 있으며 어떤 악에도 대항하지 않습니다. 이들은 하나님의 아들들이며 그리스도의 형제들이며 장래 축복의 상속자들입니다. … 셋째 부류에는 사고 관념에 있어서는 방금 언급한 둘째 유형과 같으나 실천에 있어서는 그들과 같지 않은 자들이 있습니다. 그들은 자기들의 소유를 반환하기를 요구하거나 그것에 상응하는 처벌을 요구하는 자들입니다만, 그들이 이렇게 하는 것은 자기들의 유익을 구해서가 아니라 자기들의 소유에 대한 처벌이나 배상을 통해 훔치거나 피해를 준 자의 개선을 구해서입니다." 루터는 이렇게 말하고 나서 이 셋째 부류에 대해 다음과 같이 주의를 준다. "그러나 아무도 자기가 막 언급한 둘째 부류에서 성숙되고 높은 경험을 쌓지 않았을 경우 이런 일을 시도해서는 안 됩니다. 이는 그가 분노를 열심으로 착각하지 않도록 하기 위해서이며 자기가 정의에 대한 사랑에서 행한다고 믿는 것이 분노와 성급함에서 행했다는 정죄를 받지 않도록 하기 위한 것입니다. 분노는 열심과 비슷하고 성급함은 정의에 대한 사랑과 비슷하므로 가장 영적인 사람 이외에는 이것을 완전히 구별할 수 없기 때문입니다." 인간은 아무도 율법주의적 강요에 의해 둘째 부류의 삶을 살 수 없다. 인간은 다만 하나님의 은총의 힘에 의해, 성령의 감동에 의해 둘째 부류의 삶을 살 수 있으며, 더 나아가서 셋째 부류의 삶을 살 용기를 가지게 된다. 이것이 종교개혁자들이 가르친 '오직 은총으로'의 의미이다.

4. 오직 신앙으로Sola Fide

한국 교회는 종교개혁의 중심 원리는 '오직 신앙으로'라고 가르쳐 왔다. 사실 루터는 '오직 신앙'을 주장하였다. 루터는 로마서 3장 28절 "그러므로 사람이 의롭다 하심을 얻는 것은 율법의 행위에 있지 않고 믿음으로 되는 줄 우리가 인정하노라"라는 말씀을 번역하면서 원문에 없는 '오직'이라는 단어를 첨가하여 "… 오직 믿음으로"(*allein durch den Glauben*) 되는 줄 우리가 인정하노라"라고 번역하였다.

반대자들이 이에 대해 비판하자 루터는 이렇게 대답하였다. 우선 독일어 어법은 그리스어나 라틴어 어법과는 달리 '오직'을 필요로 한다는 것이었다. 루터는 이렇게 말하였다.

여기 로마서 3 (:28)에서 *solum*(오직)이라는 단어가 그리스어나 라틴어 본문에 없다는 것을 나는 매우 잘 알고 있었다. 교황주의 자들이 내게 그것을 가르쳐 줄 필요가 없었다. *s o l a*(오직)라는 이 네 글자가 거기에 있지 않은 것은 사실이다. … 나는 라틴어나 그리스어가 아니라 독일어로 말하기를 원하였다. 왜냐하면 내가 그 번역에서 말해야 한 것은 독일어이었기 때문이다. 우리 독일어의 특징은 두 가지를 말하면서 그중 하나를 긍정하고 다른 것을 부정할 때 *nicht*(아니다) 혹은 *kein*(어떤 것도 아니다)이라는 단어와 함께 *solum*(*allein*, 오직)이라는 단어를 사용한다. 예컨대 우리는 말할 때, "그 농부가 곡식만 가지고 오고 돈은 가지고 오지 않는다"(The farmer brings *allein* grain and *kein* money)거나 "나는 음식만 먹었지 음료수는 아직 마시지 않았다"(I have *allein* eaten and *nicht* yet drunk)거나 "당신은 그것을 쓰기만 하고 쭉 훑어보지는 않았는가?"(Did you *allein* write it, and *nicht* read it over?) 하고 말한다. … 이 모든 구절들에서 이것은 라틴어나 그리스어 어법은 아니지만 독일어 어법이다. *nicht*(아니다) 혹은 *kein*(어떤 것도 아니다)이라는 단어가 좀 더 분명하고 좀 더 철저해지도록 하기 위해 *allein*(오직)이라는 단어를 첨가하는 것이 독일어의 특징이다. 하긴, 나는 "그 농부가 곡식은 가지고 오고 돈은 가지고 오지 않는다" (The farmer brings grain and *kein* money)라고도 말할 수 있지만, 그러나 "그 농부가 곡식만 가지고 오고 돈은 가지고 오지 않는다"(The farmer brings *allein* grain and *kein* money)라고 말하는 때처럼 "돈은 가지고 오지 않는다"(*kein* money) 라는 말이 충분하고 분명하게 들리지 않는다.

루터는 이처럼 독일어의 독특한 어법 때문에 번역에 있어서 *allein*(오직)이라는 단어를 첨가해야 한다고 주장하였을 뿐만 아니라, 로마서의 문맥상 *allein*(오직)이라는 단어를 첨가할 필요가 있다고 주장하였다. 루터는 이렇게 말하였다.

하지만 내가 로마서 3장 28절에서 *solum*(오직)이라는 단어를 삽입한 것은 단순히 언어의 특징에 의존하고 그 특징을 따라서 한 것만은 아니다. 사실상 본문 자체와 성 바울의 의미가 그것을 강하게 요청하고 요구한다. 바로 그 구절에서 그는 기독교 교리의 중심점, 즉 우리는 율법의 행위 없이 그리스도에 대한 신앙에 의해서 의롭다 함을 받는다는 교리를 다루고 있다. 그리고 바울이 모든 행위들을 매우 철저하게 제거하여, 율법의 행위들—그 율법이 하나님의 율법이며 말씀이긴 하지만—이 득의에 있어서 우리를 도와주지 못한다고 말하기까지 한다(롬 3:20). … 모든 행위들이 매우 철저하게 제거될 때—그래서 그것이 신앙만이 의롭다 한다는 뜻이 되어야 할 때— 이 행위의 제거에 대해 명백하고 명확하게 말하고자 하는 사람은 누구나 "행위가 아니라 신앙만이 우리를 의롭다 한다"(Faith alone justifies us, and not works)라고 말해야 할 것이다. 언어의 특징뿐만 아니라 내용 자체가 이것을 요구한다.

이처럼 루터가 오직 신앙을 주장한 것은 사실이다. 그러나 루터의 뜻은 심오한 데 있었다. 루터는 신앙이 다른 덕목들 가운데 하나가 아니라 다른 덕목들의 뿌리라고 보았다. "이 신앙은 곧 그것과 함께 사랑, 평화, 기쁨 및 희망을 가지고 온다"라고 루터는 말하였다. 루터는 자기 이전의 신학자들이 신앙을 다른 덕목들 위에 둔 것이 아니라 옆에 두었다고 비판하였다. "그들은 신앙을 다른 덕목들 위에 둔 것이 아니라 옆에 두었다. 그들은 신앙을 다른 덕목들의 모든 행위들로부터 분리된 그 나름의 종류의 행위로 만들었다. 하지만 신앙만이 모든 다른 행위들을 선하고 받아들일 만하고 가치 있게 만든다. 왜냐하면 신앙은 하나님을 신뢰하고 그리고 인간이 신앙 안에서 행하는 모든 것이 하나님 보시기에 잘 행해진 것임을 결코 의심하지 않기 때문이다." 요컨대 신앙은 다른 덕목들 중 하나가 아니라 다른 덕목들 위에 있는 것이다.

루터는 신앙을 두 종류, 즉 신적 신앙과 인간적 신앙으로 구별하였다. 신적 신앙에 있어서 신앙은 하나님의 능력이지 인간의 능력이 아니다. 신앙 안에서 인간은 하나님의 능력을 공유한다. "마치 하나님이 전능하신 것처럼 신앙도 전능한 것이다" 하고 루터는 말하였다. 그러나 인간적 신앙은 자신의 힘으로 믿으려는 인간의 시도로 잘못된 생각일 뿐만 아니라 하나님에 대한 범죄라고 루터는 보았다. 신적 신앙은 "우리 안에 있는 하나님의 일로서 우리를 변화시키고 우리를 하나님에게서 새롭게 태어나게 만든다(요 1:12-13). 그것은 옛 아담을 죽이고 우리를 마음과 영과 지성과 능력에 있어서 전혀 다른 사람들로 만든다. 그것은 그것과 함께 성령을 가지고 온다. 오, 이 신앙은 살아 있고 분주하고 활동적이고 능력 있는 것이다. 그것은 끊임없이 선한 일들을 하지 않을 수 없다. 그것은 선한 일들을 행할 것인지를 묻지 않는다. 묻기 전에 이미 행하고 또 끊임없이 행한다. 그런 일들을 행하지 않는 사람은 불신자이다" 하고 루터는 말하였다. 그러나 이런 참된 신앙이 아닌 인간적인 허구도 있다. 루터는 이런 인간적인 허구에 대해 이렇게 말하였다. "신앙은 어떤 사람들이 신앙이라고 부르는 인간적 개념과 꿈이 아니다. 그들은 삶의 개선과 선행이 따르지 않는 것을 보고—그들이 신앙에 대해 많이 듣고 말할 수 있지만—'신앙은 충분하지 않다. 의롭게 되고 구원받기 위해서는 행위들을 행해야 한다'라고 말하는 오류에 빠진다. 이것은 그들이 복음을 들을 때 분주하고 자기 자신들의 능력으로 그들의 마음속에 '내가 믿는다'라고 말하는 관념을 만드는 데 기인한다. 그들은 이것을 참된 신앙으로 여긴다. 그러나 그것은 결코 마음의 깊이에까지 이르지 않는 인간적 허구와 관념이기 때문에 거기에서는 아무 것도 나오지 않으며 개선도 따르지 않는다.'"

루터에게 있어서 신앙은 무엇보다 하나님을 신뢰하는 것이었다. 루터는 하나님을 신뢰하는 것이 하나님을 가장 기쁘게 하는 것이며, 하나님을 불신하는 것이 하나님을 가장 욕되게 하는 것이라고 보았다. 다른 말로 하면 루터에게 있어서 신앙은 하나님에 대한 최고의 존경의 표현이며, 불신은 하나님에 대한 최대의 범죄이다. 루터는 이렇게 말하였다. "영혼이 하나님의 말씀을 확고하게 믿을 때, 그 영혼이 하나님을 신실하고 선하고 의롭다고 생각한다. 그렇게 함으로써 영혼은 하나님께 자기가 할 수 있는 최고의 존경을 바친다. 영혼은 하나님이 진실하심을 인정하며, 그 사실을 의심하지 않는다. 그래서 영혼은 하나님의 이름을 명예롭게 한다. 이것이 또한 의미하는 것은 우리가 하나님을 믿지 않는 것보다 하나님께 더 큰 불명예가 되는 것은 없다는 것이다."

요약하자면, 루터에게 있어서 신앙은 하나님의 선물로서 능력 있는 것이었다. 그 능력 있는 신앙은 선행을 동반할 수밖에 없었다. 그 신앙에 무슨 부족함이 있는 것처럼 다른 것들을 사족처럼 덧붙이는 것을 루터는 용납할 수 없었다. 루터에게 있어서 그것은 하나님의 선물인 신앙을 모독하는 것처럼 보였다. 루터는 신앙과 행함 둘 중에 신앙을 선택한 것이 아니었다. 행함을 필연적으로 동반하는 진정한 신앙, 신적 신앙을 강조한 것이었다.

5. 오직 그리스도Solus Christus

한국 교회는 프로테스탄트의 중심 원리는 '오직 그리스도'
라고 가르쳐 왔다. 우리의 중보자는 그리스도뿐이며, 어떤 성
자도 우리의 중보자가 될 수 없다. 그래서 종교개혁자들은 중
세 교회의 성자 공경을 비판하였다. 그렇다고 해서 종교개혁
자들이 기독교의 신앙의 위인들을 전적으로 부정한 것은 아니
었다. 그들은 공경이나 숭배의 대상이 아니라 따라가야 할 모
범의 대상이라고 보았다.

사도 신경에는 "성도가 서로 교통하는 것"이라는 말이 있
다. 한국 가톨릭교회에서는 이 말을 "모든 성인의 통공"이라고
번역한다. 영어 번역으로는 "communion of saints"이고, 라
틴어 원문으로는 "*communio sanctorum*"이다. 속격은 여러 가지
로 해석될 수 있다. 특히 주격적 속격과 목적격적 속격으로 해
석할 수 있다. 중세 교회에서는 communio sanctorum을 목
적격적 속격으로 해석하여 성자들에 대한 교통, 성자들과의
통공으로 해석하였다. 성자들과 교통함으로 성자들의 공적의
도움을 받는다고 해석하였다. 그러나 루터는 이 말을 주격적

속격으로 해석하여 땅에 있는 우리 모두가 성자들이며, 땅에 있는 우리 성자들이 교통하는 것, 즉 사랑을 나누고 고통을 나누고 물질을 나누는 것으로 해석하였다.

로마가톨릭 교회에서는 Saint가 5,000명 정도 된다. 그러나 루터는 『갈라디아서 강의』에서 우리 모두가 Saint라고 가르쳤다. "그리스도를 믿는 모든 사람들이 성자들이다"(saints are all those who believe in Christ)라고 루터는 말하였다. 루터도 수도사였을 때는 최소한 한 명의 성자라도 만나서 그의 삶과 행동을 보고 싶었다고 한다. 당시 루터가 상상한 성자는 광야에서 살면서 음식과 음료를 절제하고 식물뿌리와 냉수로 연명하는 사람이었다고 한다. 그러나 성경을 연구하면서 그리스도와 사도들이 말하는 성자는 그리스도의 보혈과 죽음으로 거룩하게 되고 깨끗하게 되었다고 믿는 사람들임을 알게 되었다고 한다. 루터는 이 발견에 너무 감격해 하였다. "나는 하나의 성자가 아니라 많은 성자들을 만났다. 사실상 수많은 진짜 성자들을 만났다. 궤변론자들이 말하는 유형의 성자가 아니라 그리스도와 사도들이 말한 유형의 성자들이다. 하나님의 은총에 의해 나까지도 그런 유형의 성자들에 속해 있다."

인간은 인간의 노력으로 성자가 될 수 없다. "그들은 능동적 거룩함에 의해서가 아니라 수동적 거룩함에 의해서 성자들이 다"(they are saints, not by active holiness but by passive holiness) 하고 루터는 말하였다. 인간은 하나님의 은총의 힘에 의해, 그리고 그 은총을 신앙으로 받아들임으로써 성자가 될 수 있는 것이다.

인간은 신앙 안에서 하나님의 큰 은총을, 하나님이 가지신 모든 것을 가지고 있다. 그래서 루터는 이렇게 말하였다. "당신은 당신의 구원을 위해, 죄의 용서를 위해, 혹은 당신의 양심의 평온을 위해 아무 것도 할 필요가 없다. 당신은 당신의 신앙 안에서 당신이 필요로 하는 모든 것을 가지고 있다. 그러나 당신의 이웃은 그가 필요로 하는 모든 것을 아직 가지고 있지 않으며, 그는 당신이 도와주어야 할 사람이다. 이 까닭에 하나님은 당신이 계속 살아가게 하신다. … 이는 당신이 당신의 삶을 가지고 당신의 죄악된 자아가 아니라 당신의 이웃을 섬기도록 하기 위한 것이다." 우리가 하는 모든 일은 우리의 이웃을 돕도록 설계되어야 한다. 왜냐하면 각 사람은 그의 신앙 안에서 자신을 위해 필요한 모든 것을 가지고 있기 때문이다. 우리의 모든 다른 행위들과 남은 생명은, 자발적인 사랑으로부터 우리의 이웃을 섬기는 데 사용하기 위한 것이다. 왜냐하면 나는 나의 신앙을 통해 그리스도 안에서 모든 것을 충분히 가지고 있기 때문이다. "자신의 유익과 선을 추구하며 살아가는 모든 삶은 저주와 정죄가 있다. 사랑으로 행하지 않는 모든 행위는 저주를 받는다." 그리스도인은 자신 안에서가 아니라 그리스도와 이웃 안에서 살아간다. 즉, 신앙으로 그리스도 안에서, 사랑으로 이웃 안에서 살아간다. 그는 신앙으로 자신 위로 하나님을 향하고, 사랑으로 하나님에게서 눈을 돌려 자기 아래로 굽어보지만, 그러나 항상 하나님 안에 그리고 하나님의 사랑 안에 머문다. 우리의 하늘 아버지가 그리스도 안에서 자유롭게 우리를 도우러 오신 것처럼, 우리도 또한 자유롭게 우리의 몸과 몸의 행위들을 통해 우리의 이웃을 도와야 한다. 그리고 각 사람은 다른 사람에게 하나의 그리스도인 양 되어야 한다. 이는 우리가 서로에게 그리스도가 되고 그리스도가 모든 사람 안에 동일하게 거하게 하기 위한 것, 즉 우리가 참으로 그리스도인이 되기 위한 것이다. 나는 "이웃에게 하나의 그리스도가 되어야 하며, 그리스도가 나를 위하신 것처럼 나는 그를 위한 존재가 되어야" 한다. 하나님이 보시기에는 사람이 남겨서 넘겨준 것, 자기 이웃을 돕기 위해 사용하지 않은 모든 것은 불법적이고 도적질한 것이다. 왜냐하면 하나님 앞에서 인간은 모든 것을 주어야 하고 빌려 주어야 하고 가져가게 해야 하기 때문이다. 우리는 사랑을 위하여 모든 상황에서 우리의 이웃을 도와야 한다. 만약 그가 가난하다면 우리는 우리의 소유로 그를 섬겨야 한다. 만약 그가 수치 가운데 있다면 우리는 우리의 명예로 그를 덮어 주어야 한다. 만약 그가 죄인이라면 우리는 우리의 의와 경건으로 그를 장식해 주어야 한다. 왜냐하면 이것이 그리스도가 우리를 위해 행하신 것이기 때문이다.

6. 의인인 동시에 죄인Simul Justus et Peccator

한국 교회는 루터가 '의인인 동시에 죄인'이라는 교리를 가르쳤음을 강조해왔다. 인간이 의롭다 간주되긴 하지만 여전히 죄인임을 강조해왔다. 하나님이 우리가 죄인임에도 불구하고 우리를 의롭다고 간주해 주었으므로 죄를 지어도 구원을 받는다고 생각하는 경향이 있다. 하나님이 인간을 자녀로 삼았기 때문에 무슨 죄를 지어도 여전히 자녀로 인정해 준다고 생각한다. 그러나 종교개혁자들은 이 세상에서의 그리스도인의 완전을 주장하지는 않았지만, 죄와 싸우는 그리스도인의 모습을 강조하였다. 종교개혁자들은 죄의 용서, 즉 사죄를 주장하였지만, 동시에 죄를 죽이는 멸죄를 강조하였다.

루터는 『로마서 강의』에서 의인인 동시에 죄인을, 사실 속에서는 죄인이나 희망 속에서는 의인이라고 해석하며, 이것을 해석하는 데 있어서 환자의 비유를 사용하였다. 루터는 이렇게 말하였다.

그것은 환자에게 확실한 회복을 약속해 주는 의사를 믿는 환자의 경우와 비슷하다. … 이제 이 환자가 건강한가? 사실상 그는 아픈 동시에 건강하다. 그는 사실에 있어서 아프나 의사의 확실한 약속 때문에 건강하다. 그는 의사를 신뢰하며, 의사는 그가 이미 치료받은 것으로 간주한다. 왜냐하면 그는 의사가 그를 치료할 수 있음을 확신하기 때문이다. 의사는 이미 그를 치료하기 시작하였으며, 더 이상 그의 질병을 죽음에 이르는 질병으로 간주

하지 않는다. … 이제 그는 완전히 의로운가? 아니다. 그는 죄인
인 동시에 의인이다. 사실에 있어서 죄인이나, 하나님이 그를 완
전히 치료할 때까지 하나님이 그를 죄로부터 구원하는 일을 계
속할 것이라고 하는 하나님의 확실한 전가와 약속에 의한 의인
이다. 그래서 그는 희망 속에서는 전적으로 건강하지만 사실에
있어서는 죄인이다. 그러나 그는 의의 시작을 지니고 있으며, 그
래서 그는 항상 더욱더 의를 찾는 일을 계속한다. 하지만 그것은
단순히 내적 회개만을 의미하지 않는다. 만약 회개가 외적으로
다양한 종류의 육의 죽임을 산출하지 않는다면, 그런 내적 회개
는 공허한 것이다. 그는 항상 불의함을 깨닫고 있다.

　　루터는 일관되게 득의는 율법의 행위에 의한 것이 아니라
신앙에 의한 것이라고 주장하였다. 루터는 1536년 『득의에
관한 논쟁』에서도 "우리는 율법의 행위 없이 신앙에 의해 득의
된다" 하고 말하였다. 그렇지만 "내가 그리스도를 믿고, 그 후
에 내가 그리스도 안에서 참으로 선한 일들을 행한다" 하며 신
앙 후에 오는 선행을 강조하였다. 루터는 이 『득의에 관한 논
쟁』에서 득의의 전가의 면을 이렇게 설명하였다. "의가 얻어

진다는 것은 이 관념, 즉 우리가 그리스도 때문에 의롭게 여겨진다는 것을 포함한다." 또한 득의의 완전한 면을 이렇게 설명하였다. "득의된 사람은 여전히 죄인이지만, 용서하고 자비를 베푸는 하나님에 의해 충만히 그리고 완전히 의롭다고 여겨진다." 그러나 여기에는 점진적으로 의롭게 된다는 사상도 나타난다. "우리는 득의된 사람이 아직 의인이 아니지만 의를 향한 운동 혹은 여행 중에 있음을 안다." 요컨대 후기의 루터 사상에 있어서도 득의는 전가의 면과 분여의 면을 가지며, 전체적인 면과 부분적인 면을 가진다.

루터는 95개 조문에서 이렇게 말하였다. "1조. 우리의 주님이시며 스승이신 예수 그리스도께서 '회개하라'고 말씀하셨을 때, 그는 신자들의 전 생애가 회개의 행위가 되기를 원하셨다." "3조. 하지만 그는 단순히 내적 회개만을 의미하지 않는다. 만약 회개가 외적으로 다양한 종류의 육의 죽임을 산출하지 않는다면, 그런 내적 회개는 공허한 것이다." 루터에 따르면 인간은 일생 동안 회개의 삶을 살아야 한다. 인간은 마음으로만 회개해서는 안 된다. 육을 죽이지 않는 마음만의 회개는 공허하다. 루터는 이런 신앙을 가지고 있었기 때문에 돈으로 사죄를 살 수 있다는 면죄부 사상에 항거하였다.

　루터는 독일어 성경 로마서 서문에서 신앙의 특별한 일을 "죄를 완전히 죽이는 것"(the complete slaying of the sin), 즉 멸죄라고 말하였다. "신앙의 특별한 일은 영과 육의 갈등 가운데 우리가 의롭다 함을 받은 후에도 남아 있는 죄와 정욕을 완전히 죽이는 것이다." 우리는 의롭다 함을 받은 후, 우리 안에 죄가 조금도 남아 있지 않은 양 나태하고 이완되고 부주의해서는 죄로부터 해방될 수 없다. 죄는 존재한다. 그러나 죄에 대항하여 싸우는 신앙 때문에 더 이상 우리를 정죄하지는 못한다. 루터는 "우리는 우리의 전 생애에 걸쳐 우리의 몸을 길들이고 몸의 정욕들을 죽이며 몸의 지체들이 영에 복종하고 정욕들에 복종하지 않도록 최선을 다해야 한다" 하고 말하였다. 세례는 죄의 죽음(the death of sin)과 은총의 새 생명을 의미한다. 우리는 죄로부터 완전히 정화되고 우리의 몸까지 그리스도와 함께 부활하여 영원히 살 때까지 그리스도의 죽음과 부활을 닮아가며 우리의 세례를 완성해 간다고 루터는 말하였다. 루터에 의하면 사람에 따라 영이 강한 사람도 있고 육이 강한 사람도 있어서 영과 육의 갈등이 더 클 수도 있고 작을 수도 있지만 우리가 사는 한 그 갈등은 계속된다. 인간은 영과 육이기 때문에 "인간이 완전히 영적이 될 때까지 자기 자신과 싸운다"라고 루터는 말하였다.

칼빈은 『기독교 강요』에서 "그리스도인의 삶은 육을 죽이려는 계속적인 노력과 훈련"이라고 말하였다. 그 노력과 훈련은 육이 완전히 죽고 하나님의 영이 우리 안에서 통치할 때까지 계속된다. 칼빈은 자기 자신을 매우 싫어할 줄 아는 사람은 큰 유익을 얻는다고 하였다. 인간은 이 진토에 고착되어 진전하지 못해서는 안 되고 하나님을 향해 나아가야 한다. 인간은 그리스도의 생명과 죽음에 접붙여져서 계속적인 회개에 이르러야 한다. 칼빈은 인간이 먼저 의에 대한 사랑에 사로잡혀야 죄를 미워한다고 하였다.

전술한 바와 같이 루터는 두 가지 의를 말했다. 첫째는 외래적인 의이고 둘째는 우리 자신의 의이다. '우리 자신의 의'란 선한 행실을 하면서 유익하게 보내는 삶의 방식인데, 자기에 대해서는 육을 죽이고 욕망을 십자가에 못 박는 것이다. 또한 이웃을 사랑하는 것이며, 하나님에 대해 온순하고 두려워하는 것이다. 이 의는 첫째 유형의 의의 산물이다. 이 의는 언제나 옛 아담을 제거하고 죄의 몸을 멸하려고 노력하기 때문에 첫째 의를 완성해 가는 것이라고 루터는 말하였다.

칼빈은 『로마서 주석』에서 구원은 사죄와 성화, 두 부분으로 이루어진다고 말하였다. "우리는 은총이라는 말을 구원의 두 부분으로 이해한다. 즉 하나는 죄의 용서인데, 그것에 의해 하나님이 우리에게 의를 전가하시며, 다른 하나는 성령의 성화인데, 성령에 의해 우리를 새롭게 하여 선행을 하게 하신다." 칼빈에게 있어서 구원은 사죄나 득의와 동일시되지 않았다. 사죄나 득의는 구원의 한 부분이지 구원의 전부가 아니었다. 구원은 성화에 의해 완성되는 것이다. 칼빈은 득의 못지않게 중생을 강조하였다. "아무도 중생 없이 그리스도의 의를 입을 수 없다"라고 칼빈은 말하였다.

종교개혁자들은 그리스도의 보혈에 의한 죄의 용서, 즉 사죄를 가르쳤다. 우리의 모든 죄가 용서되었다는 것은 복음의 핵심임이 분명하다. 그러나 종교개혁자들은 여기에 머물지 않았다. 그들은 나아가서 죄의 멸절, 즉 멸죄를 강조하였다.

7. 결언

우리는 지금까지 종교개혁 원리들을 살펴보았다. 루터에게 있어서 득의는 의롭다 간주되는 것과 의롭게 되는 두 면이 있음을 살펴보았다. 또한 루터는 두 종류의 의, 즉 외래적 의와 고유한 의를 가르쳤음을 고찰하였다. 칼빈은 득의를 의롭다 간주되는 뜻으로 사용하였지만, 득의는 성화와 불가분의 관계가 있다고 주장함으로써 의롭다 간주되는 것만을 강조하지는 않았다. 종교개혁자들은 '오직 은총으로'를 주장하였지만, 그것은 득의의 방편으로 주장한 것이다. 인간은 하나님의 은총에 의해 의롭다 간주되고 또 의롭게 되는 것이다. 종교개혁자들은 '오직 신앙으로'를 주장하였지만, 그것은 행함이 없는 신앙이 아니었다. 루터는 신앙은 끊임없이 선한 일들을 하지 않을 수 없다고 말하였으며, 선한 일들을 행하지 않는 사람은 불신자라고 말하였다. 종교개혁자들은 '오직 그리스도로'를 주장함으로써 그리스도 이외의 다른 중보자들을 부정하였으며, 성자 공경도 부정하였다. 그 대신 믿는 자가 성자이며, 그 성자들은 서로 교통하는 것으로 보았다. 루터는 '의인인 동시에 죄인'이라는 교리를 가르쳤다. 인간은 외래적 의와 자신의 고유한 의에 의해 의에 이르는 도상에 있다는 점에서 의인인 동시에 죄인이다.

제2장

종교개혁의
삶의 원리는 무엇인가

1. 모든 신자의 사제성의 원리

종교개혁의 중요한 원리는 모든 신자가 사제라고 하는 것
이다. 루터는 이렇게 말하였다. "이것은 모든 그리스도인들이
공동으로 소유한 영적 사제직이다. 그것을 통해 우리 모두는
그리스도와 함께 사제들이다. 즉, 우리는 대사제인 그리스도
의 자녀들이다. 우리는 그리스도 이외에 어떤 사제나 중보자
를 필요로 하지 않는다. … 그래서 모든 그리스도인은 그 나름
으로 그리스도 안에서 기도하고 하나님께 다가간다." 그러나
이 사제직은 자기 자신을 위해 기도하는 자기 자신만을 위한
사제직이 아니라 타인을 위한 사제직이기도 하다. 루터는 이
렇게 말하였다. "우리는 왕들 가운데 가장 자유로운 자일 뿐만
아니라 왕이 되는 것보다 훨씬 더 뛰어난 영원한 사제들이다.

왜냐하면 우리는 사제들로서 다른 사람들을 위해 기도하고 신적인 일들을 서로 가르치기 위해 하나님 앞에 나타날 가치가 있기 때문이다."

루터는 모든 신자가 사제라는 주장에 근거해서 중세 교회의 성직 제도를 비판했다. "교황, 주교, 사제 및 수도사들은 영적 신분이라 부르고 군주, 영주, 장인 및 농부들은 세속적 신분이라 부르는 것은 순전히 조작적인 것이다"라고 루터는 말하였다. "우리 모두는 세례를 통해 사제들로 성별되기" 때문에 "모든 그리스도인들은 참으로 영적 신분에 속하며 그들 사이에는 직책의 차이 이외 다른 아무 차이도 없다"라고 루터는 말하였다.

만인 사제성의 교리는 현대의 민주주의의 원리에 가장 잘 맞는 교리이다. 중세 봉건 시대에는 사회적으로는 귀족과 평민의 구별이 있었고, 종교적으로는 종교적 귀족인 승족과 평신도의 구별이 있었다. 그러나 현대 민주주의 사회에서는 귀족과 평민의 구별이 사라졌으므로, 종교적으로도 성직자와 평신도의 구별이 없어지는 것이 구조적으로 맞다. 그런 점에서 모든 신자의 사제성의 원리는 현대적인 원리이다.

2. 결혼과 가정의 신성성의 원리

루터는 결혼하고 가정을 이루는 것은 하나님의 일이라고 하며, "'생육하고 번성하라'는 것은 명령 이상의 것, 즉 하나님의 일로서 그것을 방해하거나 무시하는 것은 우리의 권한에 있지 않다"라고 말했다. 따라서 "사제들과 수도사들과 수녀들은 씨를 생산하고 번식하라는 하나님의 명령이 자기들 안에 힘 있고 강하게 작용하는 것을 발견한다면 자기들의 서원을 버려야 한다. 그들은 어떤 권위나 법이나 명령이나 서원에 의해서도 하나님이 그들 안에 창조해 주신 이것을 막을 권한이 없다." 독신으로 지내는 사람은 누구나 방종과 음란 속에 빠지는 것을 피할 수 없다. 결혼을 피하는 사람은 누구나 하나님의 뜻을 행하지 않고 사탄의 뜻을 행한다. 사람들은 혼외의 성적 방종에 있어서 악마의 말을 잘 듣고 악마가 시키는 대로 하기 때문에, 악마는 결혼의 원수이다. 루터는 이렇게 말하였다. "독신으로 살려고 하는 사람은 불가능한 일을 시도하고 있는 것이며, 하나님의 말씀과 그리고 하나님이 그에게 주고 또한 그 안에 보존하시는 본성에 거슬러 그 일을 떠맡는 것이다. …

그런 사람들은 매춘과 온갖 종류의 육체의 불결에 탐닉하여서 그들 자신의 악에 빠지고 절망에 이르게 된다."

루터에 의하면 로마가톨릭 교회는 독신 생활을 하나님의 은총의 특별한 은사로 생각하지 않았다. 그러므로 로마가톨릭 교회는 독신 생활을 사제들에 대한 법으로 만들었다. 그러나 하나님이 예레미야를 독신 생활로 불렀던 것과 같이 자기를 특별히 부르지 않았다면 아무도 결혼하지 않고 독신 생활을 할 수 있다고 자신을 가져서는 안 된다. 하나님의 이 특별한 은사를 받지 않고 독신으로 남으려고 시도하는 사람은 매춘과 온갖 종류의 육체적 불결 행위를 하게 된다. 비록 그가 외적으로, 육체적으로 이러한 죄를 짓지 않더라도, 그는 여전히 내적으로, 정신적으로 이러한 죄를 짓게 된다.

루터는 악마가 수도사들 속에서 역사한다고 생각하였다. "결혼을 부끄러워하는 사람은 누구든지, 인간이 되는 것을 부끄러워"하는 것이다. 루터는 이런 식으로 육체와 감각 그리고 육욕의 타락성을 거절하였다. 결혼을 비방하고 수치스럽게 만든 자는 이 세상의 신인 악마다. 사람은 악마와 그의 세상을 거부하고 반대하기 위하여 결혼을 해야 한다.

루터는 사람들이 아내보다 다른 여인을 더 매력적으로 생각하는데, 이것은 악마의 계교 때문이라고 하였다. "악마의 선동으로 사람은 자기 아내의 결점들만 보고, 선하고 칭송할 만한 점들을 보지 못한다. 그 결과 모든 다른 여인이 자기 눈에는 자기 아내보다 더 아름답고 더 낫게 보인다." 그러나 하나님의 말씀대로 사는 그리스도인이라면 "만약 그가 다른 여인, 심지어 자기 아내보다 더 아름다운 여인을 본다면, 이렇게 말할 것이다." "그녀는 아름다운가? 나에게는 그녀가 별로 아름답지 않다. 설령 그녀가 세상에서 가장 아름다운 여인이라 하더라도, 집에 있는 나의 아내에게서 나는 보다 사랑스러운 장식, 즉 하나님이 나에게 주시고 그의 말씀으로 다른 사람들보다 더욱 치장해 주신 장식을 발견할 수 있다. 비록 그녀가 아름다운 몸매를 갖고 있지 못하고 또 다른 결점을 갖고 있을지라도 그러하다. 비록 내가 세상에 있는 모든 여인을 살펴볼지라도, 내 아내 외에는 즐거운 양심을 가지고 '이 여인은 하나님이 나에게 허락해 주시고 나의 팔에 안겨 준 사람이다' 하고 자랑할 수 있는 여인은 없다. 만약 내가 사랑과 진실을 가지고 내 아내와 함께 한다면 하나님과 모든 천사들도 진심으로 즐거워한다는 것을 나는 안다. 그렇다면 왜 내가 하나님의 이 귀중한 선물을 멸시하고, 그런 보화와 장식을 발견할 수 없는 다른 사람을 취할 것인가?"

결혼 연령에 대해서 이렇게 루터는 말하였다. "청년은 늦어도 20세에 결혼하여야 하고, 처녀는 15세로부터 18세까지 결혼하여야 한다. 그 때 그들은 건강이 좋고 결혼할 최적기에 있다. 그들과 그들의 자녀들이 어떻게 먹고 살 것인가 하는 걱정은 하나님께 맡겨라. 하나님이 자녀들을 만드시고, 또 확실히 그들을 먹여 줄 것이다."

3. 직업 소명론

독일의 종교 사회학자 막스 베버(Max Weber)는 그의 『프로테스탄트 윤리와 자본주의의 정신』에서 루터는 "세상적 의무들을 성취하는 것이 모든 상황에서 하나님께 받아들일 만하게 사는 유일한 길"이라고 보고, "모든 합법적 소명이 하나님 보시기에 똑같은 가치를 갖는다"라고 봄으로써 직업 소명설을 형성하는 데 공헌했다고 말했다. 베버가 말한 것처럼 루터는 직업 소명설에 공헌했다.

루터의 직업 소명 사상은 1520년에 쓴 『선행론』에 나타나 있다. 루터는 여기서 우선 중세적인 선행론을 비판했다. "그들은 선행을 너무 좁게 정의함으로써 선행이란 교회에서 기도하는 것, 금식하는 것, 구제하는 것만이라고 한다. 그들은 다른 것들은 가치 없는 것으로 여기고 하나님이 그것들에 중요성을 전혀 두지 않는다고 생각한다. 그래서 그들은 저주받을 불신앙으로 말미암아 하나님에게서 하나님의 것을 빼앗고 신앙을 경멸한다. 하지만 하나님은 신앙 안에서 행해지고 말해지고 생각되어진 모든 것에 의해 섬김을 받는다"라고 루터는 말하였다. 그래서 루터는 한 사람이 그의 거래에서 일하고, 걷고, 서고, 먹고, 마시고, 자고, 그의 몸에 영양 공급을 위한 것이나 사회 복지를 위한 온갖 종류의 일들을 하는 것이 다 선행이며 하나님이 그것들을 기뻐하신다고 하였다.

루터는 이렇게 새로운 선행론을 말함으로써 세상의 모든 일들이 하나님이 기뻐하시는 선행 될 수 있다고 하지만, 그러나 인간이 하는 일마다 다 선행이라고 하지는 않았다. "만약 자기 마음에 어떤 일이 하나님을 기쁘게 한다고 확신한다면,

그 일이 지푸라기 하나를 뽑는 것과 같은 작은 일이라 하더라도 선하다. 만약 거기에 그런 확신이 없거나 혹은 그것에 대해 의심한다면 그 일이 모든 죽은 자를 일으킨다 하더라도, 그 사람이 자기 몸을 불사르게 내어준다 하더라도 그 일은 선하지 않다"라고 루터는 말하였다. 루터의 이런 사상 배후에는 복음과 율법이라는 이분법이 있으며, 영적 왕국과 세상적 왕국이라는 이분법이 있다. "이교도, 유대인, 터키인, 죄인도 모든 다른 일들을 할 수 있다. 그러나 자기가 하나님을 기쁘게 한다고 확실히 신뢰하는 것은 은총에 의해 계명되고 강화된 그리스도인에게만 가능하다"라고 말하였다. 루터는 이 저작에서 "모든 선행들 가운데 첫째가고 가장 높고 가장 귀중한 것은 그리스도에 대한 신앙"이라고 말했으며, "행위들은 그 자체로가 아니라 신앙 때문에 받아들일 만하게 된다"라고 말하였다.

중세기에서는 성직자가 되거나 수도사가 되는 데 대해 소명이라는 말을 사용했지만, 루터는 세상의 모든 일이 소명이 될 수 있음을 지적했다. 루터는 1526년『군인도 구원받을 수 있는가』라는 저작에서 군인의 직임도 소명이라고 말하였다. "군인은 하나님으로부터 싸우는 기술을 받으며, 그것으로 자기의 봉사를 원하는 사람을, 마치 그것이 예술이나 기술인 것처럼 섬길 수 있으며, 그리고 일에 대해 대가를 받듯이 대가를 받을 수 있다. 왜냐하면 이것 역시 사랑의 법으로부터 나온 소명이기 때문이다"라고 말하였다.

루터는 신앙으로부터 나온 일을 강조하면서, 일에 있어서 하나님의 영광과 이웃의 유익을 동시에 강조했다. 루터는 마태복음 7장 12절을 본문으로 한 설교에서 "성서가 당신의 일터에, 당신의 손에, 당신의 마음에 두어져 있다. 성서는 당신이 이웃을 어떻게 대해야 하는지를 가르치고 선포한다. 당신의 도구들을 보기만 하라. … 이 모든 것이 당신에게 계속 외치고 있다. '친구여, 당신의 이웃이 그의 소유를 사용해 주기 원하는 그대로 당신의 이웃과의 관련 속에서 나를 사용하라'"고 말하였다. 루터에게 있어서 일은 하나님에 대한 봉사인 동시에 이웃에 대한 봉사였다.

막스 베버는 루터는 모든 직업을 소명으로 봄으로써 세속적 의무의 수행이 하나님으로부터 부여된 사명이라고 보았으나 이 새로운 직업 관념에 잠재해 있는 경제적 가능성을 발전시키지 못하고 오히려 신분 질서를 유지하려는 경제적 전통주의로 복귀했다고 주장했다. 그런데 이에 반해 칼빈은 루터의 직업 관념을 계승하고 전통주의적인 면을 일소하여 근대적 직업 관념을 발전시켰다고 베버는 주장했다. 자기의 직업에 충실한 것이 하나님께 충실한 것이라고 가르침으로써 일에 전념하는 인간형을 발전시켰다는 것이다.

칼빈은 일을 강조했지만 그것은 일을 위한 일이 아니었다. 칼빈은 노동을 하나님의 은총에 대한 응답으로 보았기 때문에 공동체에 유익한 일, 이웃을 도와줄 수 있는 일을 해야 한다고 말했다. "삶의 어떤 형태도 인간 사회에 유익을 주는 것보다 하나님 앞에 더 찬양받을 만한 것이 없다"라고 칼빈은 말했다.

요컨대 루터와 칼빈과 같은 종교개혁자들은 세상의 무슨 일이든 이웃에 유익하고 믿음으로 하는 일이면 거룩한 일이라고 보았다.

4. 두 왕국론

루터는 두 왕국론을 가르쳤다. 루터는 1525년 『농민들에 대한 심한 책에 관한 공개 서한』에서 이렇게 말하였다.

두 왕국이 있는데, 하나는 하나님의 왕국이고, 다른 하나는 세상의 왕국이다. … 하나님의 왕국은 은총과 자비의 왕국이지 진노와 형벌의 왕국이 아니다. 그 안에는 단지 용서, 상호간의 고려, 사랑, 봉사, 선행, 평화, 기쁨 등등이 있다. 그러나 세상의 왕국은 진노와 가혹함의 왕국이다. 그 안에는 악인들을 억압하고 선인들을 보호하기 위해 단지 형벌, 억압, 심판 및 정죄가 있다.

칼빈도 두 개의 정부를 구별했다. 칼빈은 이 두 개의 정부가 구별되긴 하지만 분리되지는 않는다고 했다. 왜냐하면, 이 두 개의 정부가 다 궁극적으로는 왕들 중의 왕인 하나님께 속하기 때문이다. 칼빈은 이 점에서 시민 정부에 대한 두 개의 서로 다른 입장을 배격한다. 첫째는 재세례파의 입장으로, 그들은 양심의 자유에 따라 법정도, 법도, 관리도 없는, 그리고 자기들의 양심을 속박한다고 생각되는 그 외 무엇도 인정하지 않는 어떤 새 세계를 세워야 한다고 생각하며 그래서 기존의 정부 형태를 배격한다고 한다. 다음으로는 마키아벨리를 향한 비판으로 보이는 것으로, 어떤 사람들은 제후들에 아첨하며 그들의 권력을 지나치게 과장하여 하나님 자신의 통치와 대립시키기를 주저하지 않는다고 한다. 영적 통치와 시민 통치는 다 한 하나님께 속하지만 서로 다른 경륜에 속한 것으로, 시민 통치를 하나님의 통치와 대립시켜서도 안 되며 시민 통치를 하나님의 영적 통치로 대치시켜도 안 된다는 것이다.

종교개혁자들은 두 왕국론 혹은 두 정부론을 가르쳤다. 하나님은 오른손인 영적 왕국을 통해서는 복음과 사랑으로 통치하신다. 그리고 왼손인 세상적 왕국을 통해서는 법과 칼로 통치하신다. 세상적인 왕국에서는 법을 만들고, 법을 지키게 하고, 법을 지키지 않으면 칼로 처벌한다. 그러나 영적 왕국에서는 법이 아니라 복음으로 다스리며, 칼이 아니라 사랑으로 다스리신다. 루터는 이 두 왕국은 분리되지는 않지만 구별되는 것이라고 가르쳤다. 루터의 두 왕국론은 종교의 자유를 찾아 미국으로 온 청교도들에 의해 정교가 분리됨으로써 완결되었다.

제3장

루터의 종교개혁운동은
어떻게 진행되었는가

루터(Martin Luther)는 1483년 11월 10일에 아이슬레벤에서 태어났다. 루터의 할아버지 하이네는 농부였으며, 루터의 아버지 한스는 광부였다. 당시 투링기아의 법에 따라 동생인 하인즈가 아버지의 농장을 상속하게 되어 있었으므로 한스는 일찍 집을 떠났다. 루터의 어머니 마가레트는 지금까지 농민 가정 출신의 촌 노파로 여겨져 왔으나 근래의 연구 결과 상당한 가정의 출신으로 인정받고 있다. 이에 대해 오버만(Heiko A. Oberman)은 다음과 같이 말하였다.

그녀는 지금까지 추측해 온 것처럼 농민 출신이 아니었다. … 많은 오류와 오해에 대한 수정을 거쳐 이제 확실하게 말할 수 있게 된 것은 한스 루더(Hans Luder)가 린데만(Lindemann)이라는 여성과 결혼하였는데, 그녀는 자기 남편과는 달리 농민 출신이 아니라 아이제나하의 기반 있는 시민 가문의 딸이었다는 것이다. … 루터 시대에 우리는 루터 어머니의 큰 오빠(이름은 알려져 있지 않다)의 아들들인 두 명의 루터의 사촌을 만나게 된다. 그 사촌들 중 형은 아이슬레벤의 요한 린데만(Johann Lindemann, 1519년 사망)인데 법률학 박사이며 작센 선제후의 고문이고, 그의 동생 카스파르(Kaspar, 1536년 사망)는 라이프치히와 오데르 강변의 프랑크푸르트와 볼로냐에서 공부한 후에 의학 박사 학위를 받았다. 그는 선제후 프리드리히와 그의 후계자 요한의 주치의가 되었으며, 종종 루터를 치료해 주기도 하였다. 카스파르 린데만은 생애의 말년 4년 동안 비텐베르크 대학의 의학 교수로 있었다.

오버만은 이어서 이렇게 말하였다.

라틴어 학교에서 시작하여 에어푸르트 대학으로 간 것, 그리고 마르틴으로 하여금 법학을 공부하게 한 결정은 린데만 가문의 전통과 일치한다. 왜냐하면 아이슬레벤의 그의 사촌 요한이 법률가로 시작하여 선제후의 고문 지위에 올랐기 때문이었다. 그래서 교양인들의 세계는 루터에게 낯선 것이 아니었다. 그는 일찍이 그의 어머니와 그녀의 가족을 통하여 그 세계를 접하였다.

루터의 아버지는 자신은 학교에 다닌 일이 없었지만, 재능 있는 자기의 아들 루터에게는 좋은 교육을 시키려고 노력하였다. 루터는 대략 1491년 3월부터 1497년 봄까지 만스펠트에서, 1497년 봄부터 1498년까지 마그데부르크에서, 그리고 1498년부터 1501년까지 아이제나하에서 학교를 다녔다. 루터가 마그데부르크에 체재한 기간은 짧았지만 의미 있는 기간이었다. 후에 루터의 증언에 의하면, 루터는 거기서 공동생활 형제단과 관계를 가졌다. 당시 마그데부르크에 형제단 학교가 없었기 때문에 루터는 형제단과 함께 생활하면서 대성당 학교에 다녔을 것이다. 루터는 형제단과의 만남을 통해 그들의 경건 운동에 친숙하게 되었다. 루터는 1501년부터 1505년까지 에어푸르트 대학을 다녔다.

루터의 집안에서는 루터가 법률가로 출세하기를 바랐다. 그러나 루터가 법률 공부를 시작하였던 어느 날 교외로 나가게 되었는데 갑자기 날씨가 굳어지고 벼락이 내리쳤다. 그는 땅에 넘어지면서 "성 안나여 나를 구해 주십시오. 내가 수도사가 되겠습니다" 하고 맹세하였다. 루터는 이렇게 맹세를 한 후 자기 아버지의 반대에도 불구하고 보름 후에 아우구스티누스 수도회에 들어갔다. 루터는 수도원에 들어가 벼락을 내려 세상을 심판하시는 진노의 하나님으로부터 구원을 얻기 위해 온갖 금욕주의적 고행을 하였다.

그러나 루터는 수도원 생활의 초기 단계에서 중세 교회가 제시한 구원의 방법들을 하나씩 부정할 수밖에 없었다. 첫째로 그는 금식, 철야, 기도와 같은 종교적 행위를 통한 구원의 방법을 부정하였다. 그는 수도원에서 빵 한 조각 먹지 않고 삼일 동안 금식하기도 하였다. 그는 규칙 이상으로 과도하게 철야를 하고 기도를 하였다. 그러나 그런 모든 방법들이 그에게 내적 평화를 주지 못하였다. 그것이 하나님을 만족시킬 수 있다고 느낄 수 없었기 때문이었다. 루터는 후에 수도원 생활 당시를 이렇게 회고하였다.

나는 참으로 좋은 수도사였으며 내 종단의 규칙들을 엄격하게 지켰으므로 수도사가 수도원 생활로 말미암아 천당에 이른다면 내가 그 사람일 것이라고 말할 수 있었다. 수도원에서 나를 알고 있는 모든 형제들이 이 사실을 입증해 줄 것이다. (내가 수도사로 더 오래 머물러 있었다면) 나는 금식, 기도, 독서 및 다른 선행들로 말미암아 순교자가 되었을 것이다.

둘째로 루터는 고해의 성례에도 의지할 수 없었다. 중세 교회에서는 고해에 네 과정이 있었다. 첫째는 지은 죄들에 대해 참회하는 것이며, 둘째는 지은 죄들을 고해 신부에게 하나씩 하나씩 고하는 것이며, 셋째는 고해 신부로부터 사죄 선언을 듣는 것이며, 넷째는 지은 죄들에 대해 고행이나 선행으로 보상하는 것이었다. 루터는 이 고해의 과정들에 있어서 하나님이 받을 만하게 참회하였다는 확신을 가질 수 없었으며, 또한 자기가 지은 죄들을 빠뜨림 없이 다 고하였다는 확신을 가질 수 없었다. 루터는 당시를 이렇게 회상하였다.

내가 수도사이었을 때 나는 수도원 규칙의 요구에 따라 살려고 부지런히 노력하였다. 나는 항상 먼저 참회하고 난 후 내 모든 죄들을 고백하였다. 나는 자주 고백하러 갔으며, 내게 부과된 고행을 신실히 수행하였다. 그럼에도 불구하고 내 양심은 결코 확신에 이를 수 없었으며, 항상 의심 속에 있었으며, 이렇게 말하였다. "너는 이것을 바르게 행하지 않았다. 너는 충분히 참회하지 않았다. 너는 이것을 네 고백에서 빠뜨렸다." 그러므로 내가 불확실하고 약하고 고통받는 양심을 인간적 전통들로 치유하려고 노력하면 할수록 내 양심은 계속하여 더욱 불확실하고 더욱 약하고 더욱 고통당하였다.

더욱이 루터에 의하면 인간의 본성 그 자체가 부패하여 있다. 그러므로 하나하나의 죄행들을 고하고 용서받는 고해 제도로는 죄의 근본적인 문제들이 해결될 수 없는 것으로 보였다.

셋째로 그는 신비주의적 구원의 방법을 부정하였다. 신비주의적 방법의 종국은 피조물이 창조자 안에 흡수되는 것이다. 루터는 이 방법을 시도하였다. 한번은 그는 마치 자신이 천사들의 합창단 속에 있는 것처럼 생각하였지만, 하나님에게서 떠나 있다는 의식이 되살아났다. 신비주의자들은 그 생각이 되살아날 때까지 기다리라고 조언하였다. 그러나 루터는 하나님과 자기 사이의 적대감이 너무 크다고 생각하고 있었기 때문에 그런 경험은 그에게 다시 오지 않았다.

루터는 세상을 떠나기 1년 전인 1545년에 자기의 라틴어
저작들을 편집한 책 서문으로 학자들이 "자서전적 단편"이라
고 부르는 글을 썼는데, 거기서 그는 그 자신의 이신득의의 진
리를 깨닫게 된 과정을 다음과 같이 말하였다.

나는 확실히 로마서에 있는 바울을 이해하기 위해 특별한 열정
에 사로잡혔다. 그러나 그 때까지 내 길을 막고 있던 것은 내 심
장 주위의 차가운 피가 아니라 1장 (17절)에 있는 "그 안에 하나
님의 의가 나타나서"라는 단 한 단어였다. 나는 "하나님의 의"라
는 그 단어를 증오하였다.

마침내 내가 밤낮으로 명상하였을 때, 하나님의 자비에 의해 나
는 "그 안에 하나님의 의가 나타나니, 기록된 바 믿음에 의한 의
인은 살리라"(He who through faith is righteous shall live/
iustus autem ex fide vivit/ ὁ δὲ δίκαιος ἐκ πίστεως ζήσεται)
라는 말의 문맥에 내 주의를 돌렸다. 거기서 나는 하나님의 의는
의로운 사람이 하나님의 선물에 의해, 즉 믿음에 의해 사는 것임

을 이해하기 시작하였다. 즉 그 의미는 이런 것이다. 하나님의 의는 복음에 의해 나타나는 것인데, 즉 그 의는 자비로운 하나님이 믿음에 의해 우리를 의롭다 하는 수동적 의로써, 즉 기록된 바 "믿음에 의한 의인은 살리라"라고 한 것과 같다. 여기서 나는 내가 전적으로 다시 태어나서 열린 문들을 통해 낙원 바로 그 자체에 들어왔다고 느꼈다.

루터가 이상과 같이 이신득의라는 진리를 깨달았을 즈음에 독일에서는 이른바 사면증 사건이 생겼다. 사면증은 원래죄를 사해 주는 증서는 아니었다. 중세 교회에서는 세례는 세례를 받기까지의 모든 죄를 사해 준다고 보았으며 세례 후에짓는 죄에 대해서는 고해를 통해 용서받을 수 있다고 보았다. 전술한 바와 같이 고해에는 네 단계가 있었다. 첫째는 죄를 회개하는 참회, 둘째는 죄의 내용을 사제에게 고하는 고백, 셋째는 사제의 사죄 선언이었다. 사제의 사죄 선언으로 죄가 용서되며 내세에 받아야 할 벌은 없어지지만 죄에 대해 현세에서받아야 할 벌은 남아 있는 것으로 보았다. 이 현세의 벌을 갚는것으로 넷째로 보상이 있었는데 이 보상을 면제받는 것이 흔히 우리말로 면죄부로 번역되는 'indulgences'이었다. 그러므로 'indulgences'를 정확하게 번역하면 면죄부가 아니라 면벌부이다. (본서에서는 indulgences를 면죄부나 면벌부로 번역하지 않고 사면증이라고 번역한다.) 그러나 당시 테첼은 사면증을 판매하면서 이 사면증은 교황이 특별히 은총을 내린 것으로 현세적 벌 뿐만 아니라 내세적 벌과 죄까지도 면해 준다고 설교하였다. 그래서 연옥에서 형벌받는 친지를 위해 이 사면증을 사면 그것을 사는 순간 그 친지가 하늘로 간다고 외쳤다. 루터는 이 소식을 듣고 심히 놀랐다. 만일 사면증이 죄까지 사해 준다면 회개가 필요 없게 된다. 죄를 짓고 난 뒤 회개하지도 않고 사면증을 사고서 죄가 용서되었다고 믿고 있는 영혼이 멸망을 당한다면 그 영혼에 대한 책임은 누가 지겠는가? 사면증은 그 사면증을 산 영혼을 구원하는 것이 아니라 파멸시킨다. 루터는 그래서 이 사면증 문제를 다룬 95개 조문을 작성하였다. 루터는 95개 조문에서 이렇게 말하였다.

1. 우리의 주님이시며 스승이신 예수 그리스도께서 "회개하라"고 말씀하셨을 때, 그는 신자들의 전 생애가 회개의 행

위가 되기를 원하셨다.

2. 이 말씀은 사제에 의해 시행되는 고해 성사(즉, 고백과 사죄 선언)로 이해될 수 없다.

3. 하지만 그는 단순히 내적 회개만을 의미하지 않는다. 만약 회개가 외적으로 다양한 종류의 육의 죽임을 산출하지 않는다면, 그런 내적 회개는 공허한 것이다.

27. 돈이 돈궤 안에 땡그랑 하고 떨어지자마자 영혼이 연옥에서부터 날아 나온다고 말하는 자들은 단지 인간적 교리들을 설교하는 것이다.

39. 사면증의 선심과 진정한 참회의 필요성, 이 두 가지를 동시에 사람들에게 추천하는 것은 가장 박식한 신학자들에게서도 매우 어려운 일이다.

43. 그리스도인들에게 가난한 자들에게 베풀고 필요한 자들에게 빌려주는 것이 사면증을 사는 것보다 더 좋은 일이라는 사실을 가르쳐야 한다.

45. 그리스도인들에게 어떤 사람이 곤궁에 있는 형제를 보고 그를 지나치고 가서 그의 돈으로 사면증을 사면 교황의 사면을 받는 것이 아니라 하나님의 진노를 받는다는 사실

을 가르쳐야 한다.

49. 그리스도인들에게 교황의 사면증은 그들이 그 사면증에 신뢰를 두지 않을 때에만 유용하고, 그들이 그 사면증 때문에 하나님에 대한 두려움을 잃는다면 매우 해롭다는 것을 가르쳐야 한다.

50. 그리스도인들에게 만약 교황이 사면증 설교가들의 강요를 알았다면 교황은 자기 양떼들의 가죽과 살과 뼈들로 성 베드로 성당을 건립하기보다 차라리 성 베드로 성당이 잿더미가 되는 것을 원했을 것이라는 사실을 가르쳐야 한다.

루터는 1517년 10월 31일 95개 조문을 마인츠의 알브레히트에게 보내면서 쓴 편지에서 이렇게 말하였다. "어떤 인간도 주교의 직임에 의해 자기 구원에 대해 확신할 수 없습니다. 인간은 심지어 하나님의 은총의 주입에 의해서도 자기 구원에 대해 확신할 수 없습니다. 왜냐하면 사도(바울)는 우리에게 '두렵고 떨림으로' 우리의 구원을 끊임없이 이루어 가라고 명령하기 때문입니다. 심지어 의인도 구원을 받기 어렵습니다. … 그리고 그 외 모든 곳에서 주님은 구원의 어려움을 선포하

십니다. 그들(사면증 중개상들)은 어떻게 사람들이 용서된다는 거짓 이야기와 약속으로 두려움 없이 안전을 느끼게 만들 수 있습니까? 결국, 사면증은 영혼들의 구원과 거룩함에 절대적으로 아무 것도 기여하지 못합니다." 그래서 알란트(Kurt Aland)는 이 편지의 내용을 보아 "루터는 95개 조문에서는 가톨릭적 영역에 있다"하고 말하였다.

루터가 이 95개 조문을 비텐베르크 성채 교회당 문에 붙였는가 하는 문제는 아직까지 논쟁 중에 있다. 로마가톨릭 교회 역사가인 이절로(Erwin Iserloh)는 1961년에 95개 조문을 부착한 것이 역사적 사실인지에 대해 의문을 제기하였다. 이절로는 95개 조문 부착 문제는 멜란히톤이 루터가 죽은 뒤 몇 개월 후에 처음으로 언급한 것인데, 사실 멜란히톤은 1518년 8월에 비텐베르크에 왔으므로 이 사건을 직접 알지 못하였으며, 따라서 잘못 알고 있었을 수 있다고 하였다. 이절로는 루터가 1517년 10월 31일에 고위 성직자들에게 사적 편지들을 보냈는데, 이것은 루터가 아직 95개 조문을 공표하지 않았음을 가리켜 주는 것이라고 하였다. 이에 대해 알란트는 95개 조문을 1517년 10월 31일 오후에 부착하고, 알브레히트 대주교에게 보낸 편지는 그 날 저녁에 썼다고 주장한다. 그러나 이 편지에서 루터가 "이렇게 하지 않는다면 누군가 일어나서 출판에 의해 저 설교가들을 침묵시키고 그 작은 책을 반박할 것입니다. 이것은 가장 현명하신 각하에게 가장 큰 치욕이 될 것입니다. 나는 확실히 이런 일이 일어날 가능성에 떱니다만 그 일들이 빨리 치유되지 않는다면 그 일이 일어날 것이라고 두려워합니다" 하고 말한 것은 루터가 95개 조문을 부착하고 이 편지를 썼는지에 대해 의문을 던져 준다. 또한 루터가 1545년에 쓴 "자서전적 단편"을 보아도 1517년 10월 31일에 95개 조문을 부착하였다는 증거를 찾을 수 없다. 루터는 이렇게 말하였다. "그 후 곧 나는 두 통의 편지를 썼는데, 즉 하나는 마인츠의 대주교인인 알브레히트에게 … 다른 하나는 … 브란덴부르크의 주교인 제롬에게 썼다. 나는 그들에게 사면증 설교가들의 파렴치한 신성 모독을 중지시켜 줄 것을 간청하였다. 그러나 이 가엾은 작은 형제는 무시당하였다. 나는 무시를 받은 후 그『조문』을 출판하였으며, 동시에 독일어로 된『사면증에 관한 설교』를 출판하였다." 루터의 이 글을 보면 알브레히트에게 편지를 보내고, 그 편지가 무시된 후 95개 조문을 출판

또는 공표한 것으로 되어 있다. 브레히트Martin Brecht는 95개 조문은 "다소 늦게 아마 11월 중순에 처음으로 공표, 즉 부착되었다" 하고 말하였다. 그리고 브레히트는 "루터의 기억에 의하면 그가 사면증을 공격하기 시작한 날은 1517년 10월 31일, 혹은 만성절이었으며, 그는 주교들에게 보낸 편지들로 이일을 하였다. 이 점에서 10월 31일이 종교개혁의 시작이다" 하고 말하였다.

루터의 95개 조문의 파문이 확산되어 가자 교황청에서는 우선 아우구스티누스 수도회가 자체적으로 이 문제를 수습하기를 바랐다. 그래서 1518년 하이델베르크에서 아우구스티누스 수도회 수도사들의 총회가 개최되었다. 이 총회에서 원로층은 루터에 대해 반대하였으나 소장측은 루터를 지지하였다. 루터는 하이델베르크 논제에서 십자가의 신학이라고 하는 중요한 신학 사상을 피력하였다. 루터는 중세 신학을 영광의 신학이라고 규정하고, 인간이 자기의 영광스러운 지성으로 자연 안에 나타난 하나님의 영광을 봄으로써 하나님을 알 수 있다고 하는 영광의 신학은 참된 신학이 아니라고 주장하였다. 오히려 고통당하는 영혼이 그리스도의 십자가의 고통

을 명상함으로써 하나님을 인식할 수 있다고 주장하였으며 그
는 이런 자기의 신학을 십자가의 신학이라고 하였다.

하이델베르크 논쟁으로도 루터가 잠잠하지 않자 그 다음
에는 도미닉 수도회의 에크가 논쟁을 걸어 왔다. 에크는 1519
년 라이프치히 논쟁에서 루터의 주장이 후스의 주장과 같다고
주장하고 마침내 루터에게서 후스를 정죄한 콘스탄츠 총회가
잘못했다는 대답을 끌어내었다. 또한 루터는 여기서 교황의
지상권을 믿지 않아도 구원받을 수 있음을 주장하였다. 루터
는 라이프치히 논쟁에 대해 이렇게 썼다. "나는 그에 대한 반
박에서 과거 천 년 동안의 그리스 그리스도인들과 또한 고대
교부들을 내세웠는데, 그들은 로마 교황권 아래 있지 않았던
자들입니다. 하지만 나는 교황에 돌려야 할 최고의 명예를 부
정하지 않았습니다. 끝으로 총회의 권위에 대해서도 논쟁하
였습니다. 나는 어떤 조항들, 즉 바울과 아우구스티누스와 심
지어 그리스도 자신이 쉽고 분명한 말로 가르친 조항들이 (콘
스탄츠 총회에 의해) 정죄되었는데, 이는 잘못이었다고 공개적
으로 인정하였습니다." 결과적으로 루터는 중세 교회가 권위
의 근거로 믿어 온 교황의 권위와 총회의 권위를 부정함으로

써 로마가톨릭 교회와의 결별이 불가피하게 되었다.

루터는 1520년에 『선행론』이라는 저작을 썼다. 루터는 여기서 우선 중세적인 선행론을 비판했다. "그들은 선행을 너무 좁게 정의함으로써 선행이란 교회에서 기도하는 것, 금식하는 것, 구제하는 것만이라고 한다. 그들은 다른 것들은 가치 없는 것으로 여기고 하나님이 그것들에 중요성을 전혀 두지 않는다고 생각한다. 그래서 그들은 저주받을 불신앙으로 말미암아 하나님에게서 하나님의 것을 빼앗고 신앙을 경멸한다. 하지만 하나님은 신앙 안에서 행해지고 말해지고 생각되어진 모든 것에 의해 섬김을 받는다"라고 루터는 말하였다. 그래서 루터는 한 사람이 그의 거래에서 일하고, 걷고, 서고, 먹고, 마시고, 자고, 그의 몸에 영양 공급을 위한 것이나 사회 복지를 위한 온갖 종류의 일들을 하는 것이 다 선행이며 하나님이 그것들을 기뻐하신다고 했다.

같은 해 루터는 그의 개혁 운동에 있어서 중요한 역할을 한 세 저작을 발표하였다. 첫째 저작은 『독일 민족의 크리스천 귀족에게』라는 저작으로 독일의 지도자들에게 로마의 교황청의 압력으로부터 독일 교회를 지켜야 함을 역설한 것이다. 루터는 이 저작에서 모든 신자가 사제라고 하는 근거에서 중세 교회가 주장해 온 성직자와 평신도라는 이층 구조를 부정하였으며, 교황만이 성서 해석권을 갖는다는 것을 비판하고 모든 신자가 성서 해석권을 갖는다고 주장하였으며, 교황만이 교회 총회 소집권을 갖는다는 것을 비판하였다. 루터는 이 저작에서 "교황, 주교, 사제 및 수도사들은 영적 신분이라 부르고 군주, 영주, 장인 및 농부들은 세속적 신분이라 부르는 것은 순전히 조작적인 것이다"라고 말했으며 "우리 모두는 세례를 통해 사제들로 성별되기" 때문에 "모든 그리스도인들은 참으로 영적 신분에 속하며 그들 사이에는 직책의 차이 이외 다른 아무 차이도 없다"라고 말하였다. 또한 루터는 "구두 수선공, 대장장이, 농부는 각각 자기의 일과 직책을 가지고 있지만 그들 모두는 성별받은 사제와 주교와 같다"라고 말하였다. 그 다음으로 루터는 『교회의 바벨론 유수』라는 저작을 썼다. 루터는 이 저작에서 성례를 다루고 있는데, 성례는 하나님의 은총을 전달해 주는 통로로 세례와 성찬만이 성례라고 주장하였다. 루터는 로마가톨릭의 성찬론과 관련하여 세 가지를 비판했다. 첫째는 성찬에서 평신도들에게 빵만 나누어주고 포도주는 나누어주지 않는 것이었다. 둘째는 화체설이었다. 루터는 화체설에 대해 두 가지로 비판했다. 하나는 왜 교회가 아리스토텔레스의 철학에 의해 신앙의 문제를 해석하느냐 하는 비판이었다. "교회는 1,200여 년 동안 참된 신앙을 지켰다. 그 동안 거룩한 교부들은 아리스토텔레스의 거짓 철학이 지난 300년간 교회로 침입해 오기 시작하기까지 이 화체설(기괴한 말과 기괴한 관념)을 언제 어느 곳에서든 결코 언급하지 않았다"라고 루터는 말하였다. 또한 루터는 토마스 아퀴나스가 화체설을 주장한 것은 아리스토텔레스를 곡해했기 때문이라고 비판했다. "아리스토텔레스는 주체와 우유성에 대해 성 토마스와는 매우 다르게 말하였다. 그러므로 이 위인이 신앙의 문제에 있어서 아리스토텔레스로부터 자기의 견해를 끌어내려고 시도했기 때문뿐만 아니라 자기가 이해하지 못한 사람에 그 견해를 두려고 시도하여 불운한 기초 위에 불운한 상부 구조를 세웠기 때문에 불쌍하게 여겨진다"라고 루터는 말하였다. 셋째는 성찬을 희생 제사로 본 것이었다. 전술한 바와 같이 루터에게 있어서 성찬은 하나님이 인간에게 주시는 것인데 희생 제사는 인간이 하나님께 바치는 것이었다. 그러므로 희생 미사라는 것은 루터에게 용어의 모순으로 보였다. 그 다음으로 루터는 『그리스도인의 자유』라는 저작을 썼다. 루터는 여기서 그리스도인은 그리스도를 통해 해방된 가장 자유로운 주인이지만 만물을 위해 자발적으로 봉사하는 종이라고 하여 그리스도인의 사랑의 봉사를 동시에 강조하였다. 루터는 그리스도인은 "이웃에게 하나의 그리스도가 되어야 하며, 그리스도가 나를 위하신 것처럼 나는 그를 위한 존재가 되어야 한다" 하고 말했다.

루터의 개혁 운동이 확산되어 가자 교황은 1520년 6월에 정죄 교서를 발표하였고 루터는 시민 및 학생들과 함께 이 교서를 불태움으로 응답하였다. 1521년 보름스에 제국 의회가 개최되었을 때 루터는 이 의회에 소환되었다. 황제가 루터의 저작들을 철회할 것을 요구하자 루터는 성서의 증거에 의해서나 분명한 이성에 의해 설복시키지 않는다면 철회할 수 없다고 대답하였다. 루터는 이렇게 말하였다. "침착하신 폐하와 각하들께서 간단한 대답을 구하기 때문에 뿔이 있지도 않고 이가 있지도 않은 방식으로 대답하겠습니다. 성서의 증거에 의해서나 아니면 분명한 이성에 의해 나를 설복시키지 않는다면

(나는 단순히 교황이나 총회만을 믿을 수 없기 때문입니다. 왜냐하면 그들이 종종 오류를 범했으며 스스로 모순되었음이 주지의 사실이기 때문입니다), 나는 내가 인용한 성서에 매여 있으며 내 양심은 하나님의 말씀에 사로잡혀 있습니다. 나는 아무 것도 철회할 수 없으며 또한 철회하지 않겠습니다. 왜냐하면 양심에 역행하는 것은 안전하지도 않고 올바르지도 않기 때문입니다. 나는 다르게 할 수 없습니다. 여기에 내가 서 있습니다. 하나님이 나를 도와주시기를 빕니다. 아멘." 황제는 자기가 루터를 소환하기 전에 발부한 안전 통행권을 존중하여 루터를 돌아가게 했으며, 루터는 돌아가던 중 작센의 선제후 프리드리히의 호의로 바르트부르크 성에 기거하면서 성서를 번역하는 일을 하였다.

루터는 1522년 바르트부르크에 은신해 있으면서 비텐베르크의 소요 사건을 듣고 갈등을 표출했다. 그는 종교개혁 운동이 자기가 생각한 하나님의 뜻과는 다르게 진행되는 것을 보고 바르트부르크 성에 머물러 있을 수 없었으나 황제의 수배령에 걸려 있었기 때문에 1522년 3월 5일 프리드리히 선제후에게 보낸 고뇌에 찬 편지에서 이렇게 말하였다.

그러므로 나는 당신의 은혜를 따르기를 거절합니다. … 당신은
권세들에게 복종해야 하며 당신의 모든 능력을 가지고 황제의
권위를 지켜야 하며 … 당국자들이 나를 투옥하거나 살해하는
일이 있을 때 반대하지 말아야 합니다.

말하자면, 선제후는 루터가 비텐베르크에 오는 것을 막았
으나 루터는 하나님의 일을 위해 사람보다 하나님을 순종하여
선제후의 명령에 불복종하고 비텐베르크로 가려고 한다. 그
런데 루터가 비텐베르크로 돌아갔을 때 만일 황제가 관리를
보내어 루터를 체포하려고 한다면 선제후는 위에 있는 권세에
게 복종하라는 말씀에 따라 체포를 막아서는 안 된다는 것이다.
　루터가 바르트부르크에 있는 동안 비텐베르크에는 급진적
종교개혁자들이 나타나 소동이 일어났다. 이에 루터는 비텐
베르크로 돌아와서 온건한 종교개혁 운동을 전개해 나갔다.
1523년에는 『세속 권위: 어느 정도로 복종해야 하는가』라는
저작을 썼다. 1521년 보름스 제국 의회 후에 황제의 칙령에
따라 일부 제후들이 루터파를 탄압하기 시작하였다. 루터는
이런 상황에서 세속 제후들이 영적인 문제에 관여해서는 안

된다는 뜻으로 이 책자를 썼다. 루터는 여기서 두 왕국론과 두 정부론을 주장하면서 영적 정부와 세속적 정부의 구별을 주장했다.

1524-1525년에는 농민 전쟁이 일어나 소요 속에 휩싸이게 되었다. 루터는 처음에는 제후와 농민 사이에 중재자 역할을 했으나 제후들이 농민들의 요구를 들어 주지 않아 농민 운동이 폭동으로 바뀌게 되었고 그때 그는 강경 진압을 주장하여 농민들에게 미움을 받기도 하였다. 루터는 1525년 농민란을 겪으면서 세 저작을 썼다. 그것은 『평화로의 권고: 스와비아 농민들의 12조문에 대한 응답』, 『약탈하고 살인하는 농민 떼에 대항하여』, 『농민들에 대한 심한 책에 관한 공개 서한』이다. 첫째 저작은 농민란 초기에 제후와 농민들에게 상호 양보를 권고하는 것이었고, 둘째 저작은 농민란의 절정기에 폭동을 행하는 농민들을 진압할 것을 주장하는 것이었으며, 셋째 저작은 농민란이 끝나고 난 다음 두 번째 저작의 내용을 변호한 것이었다. 루터는 이 저작들에서 급진적 개혁가들의 주장에 대해 두 정부론으로 응답하고 있다. 영적 정부와 세속적 정부는 구별되어야 하며 종교적 명목으로 세속적 정부에 저항해

서는 안 된다는 것이었다.

루터는 1525년 캐더린(Katherine von Bora)과 결혼하였다. 처음에 루터는 사랑 때문에 결혼했던 것 같지는 않다. 루터는 결혼한 지 14년 후에 무미건조하였던 결혼 초를 이렇게 회상하였다. 그는 사실상 아베 폰 쉰펠트와 결혼하기를 원하였다. 그는 캐더린이 오만하다고 생각하였기 때문에 그녀를 좋아하지 않았다. 그러나 나중에 루터는 이렇게 말하였다. "나는 프랑스와 베니스를 다 주어도 나의 카티와 바꾸지 않을 것이다." 또한 그는 이렇게 말하였다. "카티, 당신은 당신을 사랑하는 정직한 남자와 결혼하였소. 당신은 황후요." 오버만은 루터의 가정을 이렇게 평가하였다. "그들의 결혼은 가부장제의 친밀함 속에서 20세기에 이르기까지 모범으로 간주될 수 있었다." 루터는 3남 3녀를 두었다. 첫 아들 요하네스(Johannes, 1526)를 낳기 전에는 긴장하였다. 왜냐하면 수도사와 수녀가 결혼하여 아기를 낳으면 머리가 둘 있는 괴물이 태어난다는 미신이 있었기 때문이다. 오버만이 말한 것처럼, 루터의 첫째 아기에게 장애가 있었다면 종교개혁 운동은 큰 장애를 만났을 것이다. 루터는 정상적이고 건강한 아기가 태어난 것을 기쁘게 전하였다. 요하네스를 이어 엘리자베드(Elisabeth, 1527), 막달레네(Magdalene, 1529), 마르틴(Martin,1531), 파울(Paul, 1533), 마르가레테(Margarete, 1534)가 태어났다. 루터는 첫째 아들은 군인, 둘째 아들은 학자, 셋째 아들은 농부가 되는 것을 원하였다. 그러나 루터의 기대대로 되지는 않았다. 첫째 아들 요하네스는 법률가가 되었으며, 둘째 아들 마르틴은 신학을 공부하였으나 성직자가 되지 않고 평범한 시민으로 살았으며, 셋째 아들 파울은 의사가 되었다. 엘리자베드는 8개월 만에 죽고, 막달레네는 13세에 죽었다. 막내 딸 마르가레테는 브란덴부르크의 귀족과 결혼하였다.

루터는 1525년에 쓴『상업과 고리대금업』에서 "사고파는 일이 필수적임을 부인할 수 없다. 매매는 없앨 수 없으며, 특히 상품들이 필수적이고 명예로운 목적에 기여할 매매는 기독교적 방식으로 실시될 수 있다"고 말하였다. 이처럼 루터는 상업을 필요악 정도로 취급한 것이 아니라, 기독교적 방식으로 이루어질 수 있다고 보았다. 왜냐하면 성서의 족장들도 "가축, 양모, 곡식, 버터, 우유, 기타 물품들을 이런 방식으로 매매했기 때문이다."

그 후 루터는 츠빙글리와의 성찬론 논쟁에 들어갔다. 츠빙글리에게 있어서 성례는 거룩한 것의 표시였다. "성례들은 ― 심지어 교황주의자들도 주장하듯이― 단순히 거룩한 것들의 표시들이다"라고 츠빙글리는 말하였다. 빵은 단순히 빵이고 그리스도의 몸이 아니었다. 그러나 루터가 보기에 츠빙글리의 성례론은 하나님이 우리에게 은총을 주시는 통로를 파괴하는 것이었다. 루터는 이렇게 말하였다.

> 그 맹인인 바보는 '그리스도의 공적'과 '공적의 분여'가 두 개의 서로 다른 것들임을 알지 못한다. … 그리스도는 단 한번 십자가에서 공적을 쌓고 우리를 위해 죄의 용서를 이루었다. 그러나 그는 이 용서를 그가 있는 곳마다, 항상 그리고 모든 곳에서 나누어 준다. …

츠빙글리가 "이것은 내 몸이다"라는 말씀을 "이것은 내 몸을 상징한다"고 해석함으로써 상징설을 주장한 것과는 달리 루터는 "이것은 내 몸이다"라는 말씀을 글자 그대로 받아들임으로써 성찬에 그리스도의 몸이 임재한다는 임재설을 주장했다.

1526년에 루터는『군인도 구원받을 수 있는가』라는 저작을 썼다. 여기서 루터는 군인도 다른 공직자와 마찬가지로 하나님이 세운 제도인 세속 정부에 속하므로 군인의 직임도 경건한 것이며 군인도 구원받을 수 있다고 보았다. 1529년에는『터키인에 대한 전쟁에 관하여』라는 저작을 썼다. 루터는 이 저작에서 터키인에 대한 전쟁은 교황이 주도하는 십자군 전쟁이어서는 안 되고 황제가 주관하는 전쟁이어야 한다고 주장했다. 1530년에는『시편 82편 주석』을 썼다. 1530년 아우그스부르크 제국 의회를 앞두고 쓴 것으로 세속 정부의 올바른 관리를 주장하며 잘못을 경계했다. 1531년에는『친애하는 독일 백성에 대한 마르틴 루터 박사의 경고』라는 책을 썼다. 이것은 1530년 아우그스부르크 제국 의회 후 루터파에 대한 탄압의 조짐이 있을 때 쓴 것으로 여기서 루터는 황제가 교황의 뜻에 따라 종교적 진리에 대한 탄압을 시작한다면 루터파 제후들이 저항할 수 있다고 주장했다. 1530년 아우그스부르크 제국 의회 후 법학자들은 황제가 불의한 힘을 사용할 경우 제국의 법에 따라 제후들이 저항할 수 있다는 주장을 폈으며, 선제후 요한의 주선으로 1530년 10월 25-28일에 토르가우에서 루터와 동료들이 법학자들과 만나게 되었다. 루터는 이 모임 후 1531년에 쓴 위의 저작에서 황제에 대한 제후들의 저항권을 이렇게 인정했다.

> 만일 황제가 교황을 위해서 혹은 우리의 가르침 때문에 교황주의자들이 지금 끔찍하게 만족해 하고 자랑하듯이 … 우리에 대해 병력을 동원한다면 아무도 그것에 응하거나 이 사건에 있어서 황제에게 복종해서는 안 된다. 모두가 하나님이 황제의 그런 명령에 맹종하는 것을 엄히 금함을 확신할 것이다. 그에게 복종하는 자는 누구나 하나님에게 불복종함을 확신할 수 있을 것이며 전쟁에서 육체와 영혼 둘 다 영원히 잃을 것이다.

루터는 1535년 창세기 강의를 시작하였다. 루터는 여기서 중세기까지의 은유적 해석을 비판하고 역사적 해석을 강조하였다. 예컨대 오리겐은 창세기 1-3장을 알레고리로 보고 해석하였다. 그러나 루터는 이것을 역사로 보고 해석하였다. 그래서 루터는 아우구스티누스에 반하여 6일간의 창조를 옹호하였다. 이 강의에서 루터는 육체적 삶에서 영적 삶으로의 전환을 강조하였다. "아담은 음식과 음료와 생식이 없이는 살 수 없었다. 그러나 성도들의 수가 찬 후 예정된 때에 이 육체적 활동은 종결되었을 것이다. 그리고 아담은 자기 자손들과 함께 영원하고 영적인 삶으로 변환되었을 것이다." "아담은 이중적 삶, 즉 육체적 삶과 불멸의 삶을 지녔다. 하지만 후자는 아직 분명히 계시되지 않았고 다만 희망 속에 계시되었다." "아담의 이 육체적 삶 이후에 영적 삶이 오기로 되어 있었다. 그 영적 삶 속에서 아담은 물질적 음식도 사용하지 않고 현세에 있는 다른 일들도 하지 않았을 것이다. 그는 천사적, 영적 삶을 살았을 것이다. 성서에서 미래의 삶이 묘사된 것처럼 우리는 마시거나 먹지 않을 것이며, 어떤 다른 육체적 기능을 행하지 않을 것이다."

루터는 1543년 『유대인들과 그들의 거짓말에 관하여』라는 저작을 썼다. 루터는 이 저작에서 복음을 받아들이지 않는 유대인들에 대한 탄압을 주장하였다. "첫째, 그들의 회당들과 학교들을 불사르고, 불사를 수 없는 것들은 매장하고 흙으로 덮을 것." "둘째, 나는 또한 그들의 집들을 무너뜨리고 파괴할 것을 권고한다." "셋째, 나는 모든 그들의 기도서들과 탈무드 저작들을 몰수할 것을 권고한다. 그 안에는 우상 숭배, 거짓, 저주, 신성 모독이 가르쳐지고 있다." "넷째, 나는 앞으로 그들의 랍비들이 가르치는 것을 금지할 것을 권고하며, 이를 어기면 생명과 신체를 잃게 할 것을 권고한다." "다섯째, 나는 유대인들에게는 노상에서의 안전 통행권을 완전히 폐지할 것을 권고한다." "여섯째, 나는 그들에게 고리 대금업을 금지하고 모든 현금과 은금을 빼앗아 보관할 것을 권고한다." "일곱째, 나는 젊고 튼튼한 유대인 남녀들의 손에 도리깨, 도끼, 괭이, 삽, 실감개 대, 물레가락을 주어 이마의 땀으로 빵을 벌게 할 것을 권고한다…." 루터는 말년에 쓴 이 저작 때문에 "히틀러의 아버지"라는 비난을 받기도 하였다.

루터는 1546년 2월 18일 그의 고향 아이슬레벤에서 세상을 떠났다. 그의 임종을 지켜보던 요나스는 "목사님, 당신은 그리스도 안에 그리고 당신이 전한 교리들 안에 확고하게 서서 운명하시겠습니까?" 하고 물었다. 루터는 분명한 목소리로 "예"라고 대답하고 세상을 떠났다.

제4장

츠빙글리는
왜 루터와 결별하였는가

전술한 바와 같이 루터와 츠빙글리는 헤센의 필립의 노력에도 불구하고 1529년 결별했다. 성찬론에 대한 사상적 차이를 극복하지 못했기 때문이었다. 여기서 우리는 먼저 루터와 츠빙글리의 성찬론의 차이에 대해 살펴보려고 한다.

츠빙글리에게 있어서 성례는 거룩한 것의 표시였다. "성례들은—심지어 교황주의자들도 주장하듯이— 단순히 거룩한 것들의 표시들이다"라고 츠빙글리는 말했다. 빵은 단순히 빵이고 그리스도의 몸이 아니었다. 그러나 루터가 보기에 츠빙글리의 성례론은 하나님이 우리에게 은총을 주시는 통로를 파괴하는 것이었다. 루터는 이렇게 말하였다.

그 맹인인 바보는 '그리스도의 공적'과 '공적의 분여'가 두 개의 서로 다른 것들임을 알지 못한다. 그래서 그는 더러운 암퇘지처럼 그것들을 혼합시킨다. 그리스도는 단 한 번 십자가에서 공적을 쌓고 우리를 위해 죄의 용서를 이루었다. 그러나 그는 이 용서를 그가 있는 곳마다, 항상 그리고 모든 곳에서 나누어 준다. … 같은 방식으로 나는 천상의 예언자들에 대항하여 그리스도의 수난의 사실과 그것의 사용 … 이 동일한 것이 아니라는 점을 신중하게 썼다. 그리스도의 수난은 십자가에서 단 한 번 일어났다. 그러나 그것이 나누어지고 적용되고 사용되어지지 않는다면 누구에게 유익을 줄 것인가? 그리고 그것이 말씀과 성례를 통하지 않고 어떻게 사용되고 나누어질 수 있는가?

츠빙글리는 자기의 상징설을 뒷받침하기 위해 요한복음 6장 63절에 "살리는 것은 영이니 육은 무익하니라"라는 말씀을 인용했다. 루터는 이에 대해 여기서 '육'은 그리스도의 육체를 가리키는 것이 아니라고 했다. 루터는 이렇게 말했다. "우리는 이것을 다른 방식으로가 아니라 다음과 같이 해석했다. 즉, '나의 가르침은 영적이다. 그것을 육적인 방식으로 이해하는 자는 잘못을 저지르는 것이며 그의 해석은 무익하다. 그러나 그것을 영적으로 이해하는 사람은 살 것이다'라고." 이어서 루터는 "성서에서 영과 육이 대비될 경우 육은 결코 그리스도의 육체를 의미하는 것이 아니라 옛 아담을 의미한다"라고 말했다. 알트하우스는 "츠빙글리와 그의 추종자들은 … 영을 신체성의 의미로서의 육과 상반되는 것으로 이해한다. 그러나 루터에게 있어서 영은 죄성의 의미로서의 육과 상반되는 것이다"라고 말했는데, 이 해석은 적절하다고 하겠다.

츠빙글리는 사도행전 1장과 사도 신조에 따라 그리스도께서 인성으로는 승천하여 하나님 우편에 계신다고 주장했다. 그래서 루터가 주장하는 것처럼 그리스도의 몸이 빵 안에 있을 수 없다고 했다. 루터는 츠빙글리의 이런 주장에 대해 그리스도의 편재설로 대답했다. 루터는 오캄주의의 견해를 받아들여 존재의 세 방식—즉, locally 혹은 circumscriptively, definitively, repletively—이 있다고 보았다. 한 존재가 locally하게 존재한다는 것은 통 속의 물처럼 공간과 그 공간을 점유한 대상이 정확하게 상응하는 것이다. 한 존재가 definitively하게 존재한다는 것은 천사나 악마처럼 전체 도시에 존재할 수도 있고 상자 속에 존재할 수도 있는 것을 가리킨다고 루터는 말했다. 그리스도께서 닫힌 문을 통과하여 제자들에게 왔을 때 그리스도의 몸의 존재 방식이 이와 같았다고 한다. 한 존재가 repletively하게 존재한다는 것은 하나님의 경우처럼 동시에 모든 곳에 존재하는 것을 가리킨다고 루터는 말한다. 이렇게 말함으로써 루터는 그리스도의 몸이 빵 안에 definitively하게 존재할 수도 있고, 또한 그리스도는 하나님이시기 때문에 repletively하게 존재할 수 있다고 했다.

츠빙글리는 자기의 상징설을 뒷받침하기 위해 성서에서 '이다'는 '상징하다'로 해석해야 한다고 주장했다. 츠빙글리는 이렇게 말했다.

예컨대 요한복음 15장에서 그리스도는 "나는 포도나무이다"라고 말씀하신다. 이것은 가지들이 포도나무에서 자라듯이 똑같은 방식으로 그리스도 안에서 지탱되고 자라는 우리와 관계지어 볼 때 그리스도는 포도나무와 같다는 뜻이다. 비슷하게 "너희는 가지들이다"하는 말도 비유이다. 우리는 그것들을 은유적으로 받아들여야 한다. '이다'라는 단어는 특별히 자주 비유적 혹은 은유적 의미로 사용된다. 예컨대 누가복음 8장에서 그리스도는 "씨는 하나님의 말씀이다"라고 말씀하신다. 그런데 이 예에서 '이다'

라는 단어는 '상징하다'로 사용된다. 즉 "씨는 하나님의 말씀을 상
징한다." … 이 모든 말씀들에서 '이다'는 '상징하다'라는 뜻이다.

츠빙글리의 이런 해석에 대해 루터는 이렇게 반박했다.

'꽃'이라는 단어는 그것의 일차적이고 본래적인 의미에 따르면
장미, 백합 … 을 의미한다. 지금 내가 그리스도를 우아한 찬양으
로 예찬하기를 원한다면… 나는 '꽃'이라는 단어를 가지고 비유
를 만들 수 있다. 즉 "그리스도는 꽃이다"라고 말함으로써 그것
에 새 의미와 적용을 부여할 수 있다. 모든 문법 학자들은 여기서
'꽃'은 새 단어가 되었으며 새 의미를 획득했으며 이제 더 이상
아기 예수 이외에 들에 있는 꽃을 의미하지 않는다고 말한다. 그
들은 여기서 '이다'라는 단어가 은유적이 되었다고 말하지 않는
다. 왜냐하면 그리스도는 한 꽃을 상징하는 것이 아니라 한 꽃인
데, 자연적 꽃과는 다른 꽃이기 때문이다.
친구여 당신이 츠빙글리의 견해에 따라 "그리스도가 참 포도나
무를 상징한다"고 이것을 해석하려고 노력할 때 어떻게 들리는
가? 그러면 그리스도가 상징하는 참 포도나무는 누구인가? …

그리스도가 상징하는 것보다 그리스도가 상징되는 것이 더 낫다. 왜냐하면 상징하는 것은 항상 그것들이 상징하는 것보다 열등하기 때문이다. 심지어 바보도 어린 아이도 그것을 아주 잘 안다. … 어떤 언어도 논리도 우리가 "그리스도가 참 포도나무를 상징한다"고 말하는 것을 허락하지 않는다. 이 구절에서 아무도 참 포도나무가 포도원에 있는 나무라고 말할 수 없다. 그래서 본문은 불가항력적으로 '포도나무'를 새 단어로, 포도원에 있는 포도나무가 아니라 제2의, 새로운, 실제적 포도나무를 의미하는 것으로 보게 한다. 그러므로 '이다'는 여기서 은유적일 수 없다.

요컨대 츠빙글리가 "이것은 내 몸이다"라는 말씀을 "이것은 내 몸을 상징한다"고 해석함으로써 상징설을 주장한 것과는 달리 루터는 "이것은 내 몸이다"라는 말씀을 글자 그대로 받아들임으로써 성찬에 그리스도의 몸이 임재한다는 임재설을 주장했다.

이어서 우리는 츠빙글리의 개혁 운동에 대해 살펴보기로 한다. 루터의 종교개혁은 곧 독일 국경을 넘어 유럽 전역으로 파급되기 시작했다. 특히 신성 로마 제국에 소속되긴 했으나 주마다 자유를 지니고 있던 스위스에서는 주에 따라 종교개혁 운동이 일찍부터 활성화되기 시작했다. 스위스 가운데 독일어를 사용하는 지역에서는 츠빙글리가 큰 영향을 미치면서 개혁 운동을 전개했다. 츠빙글리 사후에는 프랑스인인 칼빈이 스위스로 와서 프랑스어를 사용하는 지역을 중심으로 개혁 운동을 계승해 갔다. 루터는 바른 교리를 확립하는데 주로 관심을 가진 반면 츠빙글리나 칼빈은 좀 더 철저하게 의식이나 제도까지 개혁하려고 했다.

종교개혁기에 스위스는 명목상으로는 제국의 일부였으나 13개 주가 독립적으로 자치했으며 연맹체를 이루고 있었다. 그러나 경제적 여건은 좋은 편이 아니어서 많은 사람들이 용병으로 프랑스와 교황청에 봉사하고 있었다. 사상이나 이념도 없이 돈을 받고 전쟁에 가담하고 상대방을 살해하는 용병 제도는 경제적 수입 이면에 심각한 도덕적 문제를 내포하고 있었다. 한편 스위스도 다른 지방처럼 교회의 여러 가지 억압과 수도원의 강제 노역에 대한 반감이 만연되어 있었다. 스위스에 루터의 종교개혁의 영향이 파급되면서 민중들 편에서는 가톨릭교회에 대해 더 비판적이 되어 갔다.

츠빙글리는 바젤 대학에서 인문주의자인 토마스 비텐바하로부터 영향을 받았다. 그는 원전으로 돌아가라고 하는 인문주의적 주장에 따라 교회의 원전인 성서를 강조하였고 성서가 교회의 유일한 권위라고 보았다. 또한 그는 그리스도의 죽음이 사죄의 유일한 대가라고 주장하면서 1519년 루터 사상의 영향을 받기 시작했다. 츠빙글리는 처음에는 같은 인문주의자인 에라스무스를 존경했으나, 루터 사상의 영향을 받으면서 단순한 기독교 인문주의에서 루터의 복음주의로 전환하게 되었다.

츠빙글리가 복음주의적 설교를 하기 시작하면서 취리히에서 로마가톨릭 측과 복음주의 측이 대립하게 되었다. 마침내 1523년 1월 취리히 주정부에서는 로마가톨릭 측과 종교개혁 측에 공중 토론회를 개최할 것을 요구했다. 츠빙글리는 이 공중 토론회를 위해 67개 조문을 작성했다. 이 67개 조문은 루터의 95개 조문에 비교될 수 있는 조문이며, 중요한 조문들을 살펴보면 다음과 같다.

1. "복음이 교회의 승인이 없었다면 아무 것도 아니라고 말하

는 모든 사람은 잘못을 범하는 것이며 하나님을 비방하는
것이다."

2. "복음의 요점은 하나님의 참 아들이신 우리 주 예수 그리스
도께서 우리에게 하늘 아버지의 뜻을 알려 주셨으며 그의
무죄함에 의해 우리를 영원한 죽음에서 구속하셨고 우리를
하나님과 화해시키셨다는 것이다."

3. "그러므로 그리스도는 존재했고 존재하고 있고 존재할 모
든 사람들에게 있어서 유일한 구원의 길이시다."

7, 8. "그리스도는 모든 믿는 자들의 머리이시다. 이 머리 안
에 사는 모든 사람들은 그의 지체들이요 하나님의 자녀
들이다. 그리고 이것은 참된 가톨릭교회, 즉 성도들의
교제이다."

17. "그리스도는 유일하신 영원한 대제사장이시다. 그러므로
스스로 대제사장이라고 주장하는 자들은 그리스도의 영
광과 능력을 거스르며 그리스도를 배격하는 자들이다."

18. "일찍이 십자가에서 자신을 바친 그리스도는 모든 믿는
자들의 죄를 위한 충족하고 영원한 희생이시다. 그러므로
미사는 희생이 아니라 십자가의 유일한 희생을 기념하는

것이며 그리스도를 통한 구속을 인치는 것이다."

22. "그리스도는 우리의 의이시다. 그래서 우리의 일들이 그
    리스도의 일인 한에서는 선하지만 우리 자신의 일인 한에
    서는 선하지 않게 된다."

24. "그리스도인은 아무도 그리스도께서 명하시지 않은 일을
    하도록 속박받지 않는다. 그리스도인은 자기가 원하는 때
    자기가 원하는 것을 먹을 수 있다. 그러므로 '치즈와 버터
    에 관한 규정들'은 로마가 만든 것에 불과하다."

27. "모든 그리스도인들은 그리스도의 형제들이요, 서로 간의
    형제들이다. 그러므로 지상에 있는 사람은 그 누구도 '아
    버지'라고 부르지 말아야 한다. 이 사실은 교단, 분파, 파
    당들을 배제시킨다."

34. "소위 영적인 권세라고 하는 것은 그리스도의 교훈에서
    설 자리가 없다."

49. "사제들에게 합법적인 결혼을 금지하면서 내연의 처들을
    거느릴 돈을 허락하는 것보다 더 큰 추태를 나는 알지 못
    한다. 그것은 망측한 일이다."

50. "하나님만이 죄를 용서하시며, 그리고 이는 그리스도 예

수 우리 주를 통해서만 이루어진다."

52. "그러므로 사제나 이웃에게 죄를 고백하는 것은 죄의 용
서를 위한 것이 아니라 상담을 위한 것이어야 한다."

57. "성서에서는 현세 다음의 연옥에 대해 인정하지 않는다."

58. "죽은 자의 심판은 하나님만이 아시는 일이다."

59. "이 문제들에 대해 하나님이 우리에게 적게 계시하신 만
큼 우리는 적게 탐구해야 한다."

60. "만약 어떤 사람이 죽은 자들에 대해 걱정하면서 하나님
께 그들에게 은총을 주실 것을 간구하거나 기도한다면 나
는 그를 정죄하지 않는다. 그러나 무거운 죄에 대해서는
7년이라는 등 그것에 대해 시간을 지정하는 것과 이득을
얻기 위해 거짓말을 하는 것은 인간적인 잘못이 아니라
악마적인 잘못이다."

62. "성서에서는 하나님의 말씀을 선포하는 사람들 이외에 다
른 장로들이나 사제들을 인정하지 않는다."

67. "어떤 사람이 이자, 십일조, 세례받지 않은 아동들, 견신
례 등에 대해 나와 토론하기를 원한다면 나는 대답할 준
비가 되어 있음을 선언한다."

이 토론회에서 츠빙글리가 승리의 판정을 받음으로써 취리히에 종교개혁이 시작되게 되었다. 그리하여 1525년까지 교리, 교회 제도, 교회 의식이 다 바뀌고 설교 중심의 예배가 되었으며, 취리히의 이 개혁 운동은 다른 스위스 지역으로 파급되어 갔다.

스위스에서 복음주의 운동의 파급은 가톨릭 측에 자극을 주게 되었으며 이에 따라 1524년 4월 우리, 쉬비츠 등 스위스의 여러 주들이 로마가톨릭 신앙을 지킬 것을 선언하고 연맹을 결성했다. 그러나 이번에는 프로테스탄트 측이 동맹을 결성하기 시작했다. 우선 1527년 취리히와 콘스탄츠가 기독교 시민 동맹을 맺었으며 그 후 베른, 성 갈렌, 비엘, 밀하우젠, 바젤, 샤프하우젠, 쉬트라스부르크 등이 가입했다. 로마가톨릭 측의 주들은 그 이름을 기독교 연맹이라고 불렀다. 이래서 프로테스탄트 측의 동맹과 가톨릭 측의 연맹이 갈등 관계에 놓이게 되고 1531년 양측 사이에 전쟁이 발발했다. 츠빙글리는 이 전쟁에 종군 목사로 참전했다가 카펠에서 전사하게 되고 불링거가 그를 이어 개혁 운동을 계승하게 되었다. 스위스는 이 전쟁을 통해 종교적 전쟁이 얼마나 무익한가를 깨닫게 되고 그 후 신, 구교 사이에 전쟁을 회피하게 되었다. 그래서 스위스는 1618년에 발발했던 30년 전쟁의 소용돌이 속에 빠지지 않게 되었다.

츠빙글리의 사상의 근원에 대해 루터는 자신 이전에는 복음주의를 전파한 사람이 없었다고 하였으나 츠빙글리 자신은 루터의 저작을 거의 읽지 않았다고 하였다. 독일 학자들(예컨대 Martin Brecht)은 츠빙글리의 사상은 루터에게서 파생되었다고 주장하나 스위스 학자들(예컨대 Ulrich Gäbler)은 츠빙글리의 사상은 독자적이라고 주장한다.

츠빙글리에 의하면 하나님은 영원하고 무한하고 창조되지 않은 분이다. 무한한 분이 두 분이 있을 수 없으므로 하나님은 한 분이 계신다. 무한하고 창조되지 않은 분이기 때문에 창조물을 통해 섬길 수 없다. 츠빙글리는 이런 사상을 가지고 있었기 때문에 루터의 성례론을 두고 격하게 논쟁할 수밖에 없었다. 츠빙글리는 고대 교회의 전통에 따라 마리아를 '하나님의 어머니'라고 불렀다. 그러나 그것은 마리아를 공경하는 뜻으로 그런 것이 아니라 그리스도가 하나님임을 나타내는 뜻으로 그런 것이었다. 마리아도 한 인간으로 피조물이지 창조자가 아니므로 신성을 가지고 있지 않으며, 따라서 신적 예배의 대상이 아니라고 츠빙글리는 주장하였다. 성례는 상징이므로, 성례 역시 신적 예배의 대상이 아니라고 주장하였다. 성찬에 그리스도가 실제로 임재하는 것이 아니라, 그리스도의 은총을 기념함으로써 그 은총을 생각나게 한다고 츠빙글리는 보았다. 성인들도 신적 예배의 대상이 아니다. 그들은 다만 우리들이 모방할 삶의 모범을 보인 사람들일 뿐이다. 츠빙글리는 하나님의 선하심을 자비와 정의의 종합으로 보았다. 사랑 없는 정의는 폭력이며, 정의 없는 사랑은 무질서이므로 하나님의 선하심에는 자비와 정의가 함께 있는 것으로 보았다.

츠빙글리는 전통적 신조에 따라 그리스도는 완전한 인간이며 완전한 신이라고 하였다. 그리고 그리스도의 인성과 신성의 관계를 인간의 육체와 영혼의 관계로 보았다. 츠빙글리는 "그리스도는 하나님의 아들의 인격 안에 인간의 본성을 취하였다"고 말하였다. 츠빙글리는 그리스도의 속죄의 힘이 지옥에도 미친다고 말했다. 그리고 그리스도가 재림할 때까지 믿는 모든 영혼은 그리스도와 함께 있다고 주장했다.

츠빙글리는 연옥의 존재를 부정하였다. 첫째로, 연옥에서 보상해야 한다는 로마가톨릭의 주장은 그리스도의 공로를 해 친다고 보았다. 둘째로, 로마가톨릭 교회에서는 죄는 용서받 을지라도 죄에 대한 벌은 연옥에서 보상해야 한다고 말하지 만, 츠빙글리는 죄가 용서되면 벌도 없어진다고 주장하였다. 셋째로, 성서에서 믿는 자는 정죄 받지 않는다고 하였으므로 연옥의 형벌은 성서의 가르침에 모순된다고 주장하였다.

성례에 대해 츠빙글리는 신앙을 산출하는 것은 성례가 아 니라 성령이라고 주장하였다. 그리스도는 신성에 있어서는 무한하므로 편재하지만 인성에 있어서는 유한하므로 천상에 승천하여 하나님의 우편 한 곳에 계신다고 하였다. 그래서 그 리스도의 살을 먹는다는 성서의 표현은 그리스도를 믿는 것을 뜻하며, 영적으로 먹는 것을 뜻한다고 말하였다. 츠빙글리는 유한은 무한을 포용할 수 없다고 보았다(*finitum non capax in-finiti*). 츠빙글리에 반해 루터는 유한이 무한을 포용할 수 있다 고 보았다(*finitum capax infiniti*).

츠빙글리는 루터의 임재설을 비판하였지만, 성례의 여러 가지 유익을 주장하였다. 첫째로, 성례는 그리스도가 친히 제 정한 거룩한 것이라고 하였다. 둘째로, 성례는 역사적 신앙을 증거해 준다고 보았다. 셋째로, 성례는 상징하는 것을 보여 준다고 하였다. 넷째로, 성례에 있어서 상징과 그 대상 사이에 유비가 있다고 말했다. 다섯째로, 성례는 신앙을 증가시켜 준다고 말했다. 마지막으로 성례는 라틴어 *sacramentum*이 뜻하는 바와 같이 그리스도에 대한 충성을 서약하는 것이라고 보았다.

츠빙글리는 교회에 대해 가시적 교회와 불가시적 교회를 구별하였다. "이 교회는 가시적이거나 불가시적이다. … 불가시적 교회는 하늘나라에서부터 내려온 것, 즉 성령의 계몽에 의해 하나님을 알고 받아들이는 교회이다. 이 교회에는 전 세계에 있는 믿는 모든 사람들이 속한다. … 가시적 교회는 전 세계에 있는 그리스도에 대한 신앙을 고백하는 모든 사람들이다. … 그러므로 가시적 교회 안에는 선택된 불가시적인 교회의 구성원들이 아닌 자들이 있다"

츠빙글리는 고대 철학자들의 구분에 따라 정부 형태를 군주정, 귀족정, 민주정으로 나누고 그중 귀족정을 선호하였다. 츠빙글리는 독재자에 대한 민중 저항권은 부정하였지만, 관리의 저항권은 인정하였다. 츠빙글리는 정부를 하나님이 제정한 제도로 봄으로써 재세례파의 입장을 비판하였다. 츠빙글리는 하나님의 법이 실현되는 사회, 복음적 사회에 대한 이상을 지니고 있었으며, 이 사상은 프로테스탄트 국가관에 큰 영향을 미쳤다.

죄의 용서 문제에 대해 츠빙글리는 중세 교회의 고해 성사를 비판하고 성령이 죄를 용서해 주시며, 인간은 신앙으로 죄의 용서에 대한 확증을 가진다고 말하였다.

츠빙글리는 신앙과 행위의 문제에 대해서는 이렇게 설명하였다. 우리가 왕 앞에서 신실한 마음으로 하지 않는 행동은 왕에 대한 불경이 되듯이 하나님에 대한 신앙이 없는 행동은 경건하지 못한다고 보았다. 그래서 츠빙글리는 신앙 없는 행위는 죄라고 말하였다. 인간이 자선을 행한다고 하더라도 신앙 없이 행하면 그 자선은 이기적 동기에서 비롯된다고 말하였다. 츠빙글리는 마치 불이 있으면 열이 있듯이 신앙이 있으면 행위가 나온다고 말하였다.

츠빙글리는 당시 일부 인문주의자들이 주장한 영혼 사망설이나 재세례파가 주장한 영혼 수면설을 비판하고 사후의 영혼은 깨어 있다고 주장하였다. 그는 그 증거로 우리 육체는 잠을 자지만 영혼은 깨어서 꿈을 꾸고 있다고 말하였다. 믿는 자의 영혼은 하나님께로 간다고 말했다. 츠빙글리는 또한 소크라테스와 같은 고대의 훌륭한 철인들도 하나님께로 갔다고 주장하였다.

츠빙글리가 1531년 카펠 전투에서 종군 군목으로 출전하여 전사한 후 취리히의 종교개혁은 불링거가 계승하였다. 불링거는 1549년 칼빈과 함께 취리히와 제네바 사이의 일치 신조를 만들어 내는 등 개혁파 교회의 일치에 큰 공헌을 하였다. 특히 불링거는 츠빙글리파의 신앙고백 중 마지막 것이며 가장 중요한 "제 2 스위스 신앙고백"을 작성하였다. 불링거는 1562년 죽음을 기다리면서 이 신앙고백을 작성하는 데 마지막 시간을 바쳤다.

제5장

급진적 종교개혁이란
무엇인가

1. 재세례파의 시작

취리히에서 츠빙글리와 함께 종교개혁 운동을 하던 사람들 중에는 유아 세례의 타당성에 대해 회의하던 사람들이 생기기 시작했다. 그들은 그레벨(Conrad Grebel), 만츠(Felix Manz), 후브마이어(Balthasar Hubmaier) 같은 사람들이었다.

츠빙글리도 처음에는 성례가 그 자체로 효력을 갖는다고 하는 마술적인 성례관에 반대하여 세례는 신앙을 가진 사람이 받아야 한다고 보고 유아 세례에 대해 회의적이었다. 그러나 주정부가 유아 세례에 대해 확고한 입장을 취함으로써 츠빙글리는 유아 세례를 인정하게 되었다. 주 정부는 1525년 1월 18일 시민들에게 유아 세례를 명령하였다. 주정부가 보기에는 건전한 사회를 위해서는 유아 세례가 필수적이었던 것 같다.

한 어린 아이가 태어나면 그는 그 국가의 국민으로 태어나서 국법을 지키고 그 국가의 국교인으로 태어나서 신앙과 윤리를 따라야 건강한 사회가 될 수 있다고 생각한 것 같다.

주 정부와 츠빙글리의 개혁에 불만을 품은 사람들은 1525년 1월 21일 만츠 집에 따로 모였다. 후터파의 연대기에는 그 상황이 이렇게 묘사되어 있다.

> 기도 후에 조지 카자코브(George Cajacob, Georg Blaurock)가 일어나서 콘라드에게 하나님을 위해 자기의 신앙과 지식에 근거한 참된 크리스천 세례로 세례를 베풀어 달라고 요청하였다. 그가 이 간청과 열망을 가지고 무릎을 꿇자 콘라드는 그에게 세례를 주었다. … 그렇게 한 후 다른 사람들도 이와 비슷하게 조지에게 자기들에게 세례를 베풀어 줄 것을 요망하였다. 이로써 세상과 세상의 악한 일들로부터 분리가 시작되었다.

이로써 스위스 형제단이 결성되었다. 이들은 신앙을 가진 자에 대한 세례를 강조하고 유아 세례를 부정하였다. 또한 국교주의에 반대하고 자유 고백 교회(free confessional church)를 주장하였다. 그들은 마태복음 18장에 따라 권징을 강조하였다. 예배 순서는 소박하게 진행하였으며, 성찬은 개인들의 집에서 기념의 의미로 행했다. 그들은 세속 사회에서의 분리를 주장하였다. 그들은 산상 설교에 따라 핍박에 대해 저항하지 않고 맹세하는 일을 거부하였다. 그들은 또한 병역을 거부하였다. 그들은 고난의 종의 모습을 따르는 고난 받는 교회가 참된 교회라고 주장하였다.

이 최초의 모임에 참여하였던 지도자들은 곧 세상을 떠나게 된다. 처음으로 '믿는 자의 세례'를 받았던 그레벨은 1525년 흑사병으로 사망하고, 장소를 제공하였던 만츠는 1527년 익사형에 처해졌으며, 처음으로 '믿는 자의 세례'를 베풀었던 블라우로크는 1529년 티롤에서 화형을 당하였다.

이들 중에는 다소 비정상적인 행동을 하던 사람들도 없지 않았다. 어떤 사람은 이사야를 따른다고 빨갛게 단 석탄을 입술에 대었다가 화상을 입어 예언은 고사하고 더 이상 말도 못하게 되기도 하였다. 또 어떤 네덜란드 사람도 이사야를 본 따서 벌거벗고 시내를 뛰어다니기도 하였다. 다른 한 사람은 취리히 시내를 다니면서 "화 있을진저! 화 있을진저! 최후의 심판이 다가왔느니라" 하고 외치기도 하였다.

2. 재세례파 운동의 전개

이 재세례파 운동은 곧 스위스, 남부 독일, 모라비아 등으로 퍼져 나갔으며 유럽 곳곳에 재세례파 공동체가 형성되게 되었다. 그들은 박해를 피해 그들 나름의 지역 사회를 만들기도 했다.

우선 이 운동은 취리히를 넘어서 스위스의 다른 지역으로 확산되었다. 바젤에서는 1529년 12월 29일 복음주의 진영과 재세례파 사이에 공중 토론회가 개최되었다. 이 토론 후에 재세례파 운동은 금지되었다. 1530년과 1531년에 세 사람의 재세례파가 처형당하고 다수가 추방되었다. 1571년까지 모두 40명이 처형되었다.

이 운동은 곧 남부 독일인 아우그스부르크에 들어가게 되었다. 후브마이어가 뎅크(Hans Denck)에게 세례를 주고 다시 뎅크가 후트(Hans Hut)에게 세례를 주었다.

후트는 자신은 예언자라고 말하였다. 그는 신성 로마 제국이 참된 성도들인 자기들을 핍박할 것이나 터키에 의해 멸망할 것이라고 하였다. 그러고 나면 참된 성도들이 일어나서 사제들과 부패한 관리들을 멸망시킬 것이라고 하였다. 그 후 그리스도가 재림하실 것이라고 하였다. 그는 1527년 9월 아우그스부르크 감옥에 투옥되었으며, 그 해 12월 6일 감옥을 방화하고 도망하려 하다가 불길에 타 죽었으며, 당국에서는 12월 7일 시신을 공개적으로 화형에 처했다.

스트라스부르크에도 재세례파 운동이 들어갔다. 이곳의 지도자는 자틀러(Sattler)였다. 그는 1527년 5월 21일 오스트리아에서 화형을 당하였으며, 그의 부인은 익사형에 처해졌다. 또 다른 지도자는 호프만(Melchior Hoffmann)이었다. 그는 스와비아 출신의 피장이었다. 1522년 루터의 영향을 받고 순회 전도자가 되었다. 1529년 재세례파와 접촉하면서 루터를 비판하기 시작하였다. 루터는 가룟 유다처럼 시작의 사도지만 자기는 최후의 사도라고 하였다. 1533년 최후 심판이 스트라스부르크에서 시작하여 온 세상에 퍼진다고 예언하였다. 그는 1533년 투옥되어 1543년 감옥에서 옥사하였다.

1526년 7월 후브마이어가 모라비아 지방 니콜스부르크

(Nikolsburg)로 왔다. 그리고 1527년 5월 후트와 후브마이어 사이에 논쟁이 일어났다. 후트는 1528년 세계의 종말이 온다고 주장하면서 무기를 드는 것조차 거부하는 철저한 평화주의를 주장하였다. 반면에 후브마이어는 시민 정부의 필요성을 인정하고 군 복무와 세금 납부를 인정하였다. 1528년 후트의 지지자들이 아우스테를리츠(Austerlitz)에 정착하여 공산주의적 공동체를 건설하였다. 이 공동체를 1529년부터 1536년까지 후터(Jakob Hutter)가 이끌었다. 그들은 주교 밑에 '말씀의 종', '일상 문제의 종'들을 두고 100-200명 단위의 소공동체를 이루고 살았다. 그들은 재산을 공유했으며, 이 공동체에 들어오는 사람들은 모두 육체적 노동을 하도록 했다. 독신자들은 남녀별로 공동의 방을 쓰고 기혼자들은 독방을 사용하게 했으며, 자녀를 낳으면 이유 시기가 지날 때 기숙사 학교에 보내어 공동생활을 하도록 했다. 그들은 기숙사 학교의 공동생활을 통해 이 공동체에 속한 사람들은 모두 한 형제자매라는 점을 익히도록 했으며, 그리고 부모와 자녀, 형제자매 사이의 관계를 소원케 함으로써 한 분 하나님 아래 모두가 형제자매가 되는 계급 없는 사회를 건설하려고 했다. 그들은 이런 공동

체야말로 사도행전에 나오는 초기 기독교 공동체와 같다고 생각했다. 춤, 도박, 과음을 금지하고 찬송가만 부르게 하였다. 새벽에 기도와 감사로 기상하여 밤에 기도와 감사로 취침하였다. 결혼도 통제되었다. 1년에 한 번 선을 보는 날을 정하고 처녀 1인이 청년 3인을 보게 한 후 배우자를 결정하도록 한 것 같다. 이 공동체에서 죄를 지은 사람에게는 처음에는 그 사람을 기피하는 벌을 주고, 그래도 회개하지 않으면 추방하였다. 추방이 이 공동체의 최고형이었다.

한편 1533년 독일의 북부 도시 뮌스터에 들어가기 시작한 재세례파는 마침내 뮌스터를 장악하고 불신자들을 제거하기 위해 집단 세례를 실시하고 성서 이외의 모든 책을 소각했다. 재산의 공유 제도를 실시할 뿐만 아니라 구약의 정치 제도를 모방한 왕정 제도를 도입하고 성직자가 지배하는 신정 정치를 실현하려고 했다. 그들은 반대자들을 살해하고 일부다처제를 실시했다 그러나 뮌스터의 재세례파 운동은 1535년 주교와 제후들의 군대에 의해 진압되었으며, 신자들은 거의 살해되었다. 지도자들의 시신은 철장에 넣어 람베르티 교회 종탑에 효시하였다.

이 뮌스터 참사가 있은 후 온건한 재세례파 교회가 형성되었는데, 그것이 메노파 교회이다. 메노 시몬스(Menno Simons)는 1496년에 태어났으며, 그의 형제 중 한 사람이 뮌스터 참사에서 처형되는 아픔을 겪기도 하였다. 그는 처음에는 네덜란드의 가톨릭 사제였으나 루터파로 전향하였다. 그리고 1536년에는 다시 재세례파로 전향하였다. 메노는 맬키오르 호프만의 주장과 오베 필립스(Obbe Philips)의 주장 사이에 동요한다가 결국은 오베파에 합류하였다. 즉, 메노는 천년 왕국주의를 거부하고 성령의 내적 교회를 지향하게 되었다. 오베 필립스가 이 파를 떠나자 메노가 이 파의 지도자가 되었다.

3. 급진적 종교개혁의 중심 사상

1) 재세례파의 사상

재세례파라는 이름은 신앙과 지식에 근거한 세례를 주장하면서 이미 세례를 받은 사람들에게 다시 세례를 베푼다고 해서 붙여진 이름이다. 이들은 의식이 없는 유아기에 받은 세례는 의미가 없다고 보아 다시 세례를 베풀었으며, 자기들의 교리와 다른 교리를 가르치는 집단에서 받은 세례도 무효라고 생각하여 재세례를 베풀었다. 초대 교회에서 키프리아누스는 이단이나 분파에게서 받은 세례는 무효라고 해서 재세례를 베풀 것을 주장했다. 아우구스티누스는 누가 세례를 베풀든 성부, 성자, 성령의 이름으로 베풀면 타당성이 있으나 정통 교회에 들어와야 효과가 있다고 하였다. 즉, 아우구스티누스는 이단 세례의 유효성은 부정하나 타당성은 인정함으로써 재세례를 반대했다. 이후 교회의 입장은 재세례를 부정하는 편이었다.

이들 재세례파는 곧 정부로부터 박해를 받기 시작했으며, 정부의 탄압은 재세례파 편에서 정부를 비판하는 계기가 되고, 따라서 재세례파는 시민 공동체와 신앙 공동체를 엄격하게 구분하게 되었다. 그래서 그들은 참된 신앙인은 정부의 관리가 되거나 군대에 가거나 세금을 내거나 해서는 안 된다고 주장했다. 그러나 어떤 자들은 이 악한 세상에서 세상 정부의 필요성을 인정하여 세금을 내는 것을 인정하기도 했다. 그들 중 어떤 이들은 삼위일체론을 비판하고 그리스도의 신성을 부정하고 그리스도를 단순히 모범적 인간이나 신적 능력이 충만한 인간으로 보았다. 교회에 대해서는 거룩한 자들의 공동체로 여겨 신앙고백을 하고 세례를 받고 교회의 일원이 되며, 그런 사람이 거룩하지 못한 삶으로 공동체를 더럽혔을 때는 징계에 의해 공동체를 정화해야 한다고 보았다. 전쟁에 대해서는 평화주의를 고수하여 어떠한 경우에도 무기를 사용해서는 안 된다고 보았다.

이들의 신앙을 잘 요약해 놓은 신조가 7개 조문 혹은 슐라이타임(Schleitheim) 조문이다.

제1조는 세례에 관한 것이다. 세례는 회개 및 회심을 경험하고 죄가 그리스도에 의해 소멸되었다고 믿는 자에게 베풀어야 한다고 하였다. 세례는 그리스도와 함께 부활하기 위해 그리스도와 함께 매장되는 것이라고 해석하였다.

제2조는 파문에 관한 것이다. 세례를 받은 후 실수하거나 죄를 지었을 경우 파문하도록 하였다. 파문은 형제된 공동체를 정화하기 위해 예배 시 성찬 전에 내 보내는 것이다. 두 번 사적으로 훈계하고 그래도 회개하지 않으면 세 번째는 공개적으로 치리하도록 하였다.

제3조는 성찬에 관한 것이다. 세례받은 자만 성찬에 참여

하게 하였다. 떡을 뗀다는 표현을 선호하였다.

제4조는 교회에 관한 것이다. 세례받은 자들은 사탄이 이 세상에 심어 놓은 악과 죄악으로부터 스스로를 성별해야 한다고 하였다.

제5조는 목회에 관한 것이다. 목사는 믿지 않는 자들에게서도 좋은 평판을 듣는 인물이어야 한다고 하였다.

제6조는 무력에 관한 것이다. 신자들은 어떤 경우에도 무기를 사용해서는 안 된다고 하였다. 세상에서는 악한 자를 처벌하고 선한 자를 보호하기 위해서 무력이 필요하나 교회에서는 권징만 사용해야 한다고 하였다.

제7조는 맹세에 관한 것이다. 신자들은 아무도 맹세해서는 안 된다고 하였다.

일부 재세례파에서는 재산의 공유를 참된 교회의 표지로 보았다. 그들은 재산의 공유를 주장하는 근거를 다음과 같이 말하였다. 첫째로, 창세기에 나오는 에덴동산과 요한계시록에 나오는 신천지에는 사유 재산이 없으며, 예루살렘의 최초의 교회도 재산을 공유하였으므로 재산을 공유해야 한다는 것이었다. 둘째로, 성부와 성자가 일체이므로 성부에게 자기 것이란 없고, 역시 성자에게 자기 것이란 없기 때문에 신자들도 하나님을 본받아 자기 것이 없이 공유해야 한다는 것이었다. 셋째로, 그리스도인은 그리스도의 말씀을 따라 자기를 부정하는 삶을 살아야 하는데, 사유 재산을 버리고 자기 유익에서 벗어날 때 자기 부정의 삶이 가능하다고 보았다. 넷째로, 누가복음 14장 33절을 보면 누구든지 자기의 모든 소유를 버리지 아니하면 주님의 제자가 되지 못한다고 하였으므로 주님의 제자가 되기 위해서는 사유 재산을 버려야 한다는 것이었다. 그들은 물질이 우리의 관심을 하나님에게서 물질에게로 돌리게 하므로, 하나님을 닮는 최선의 길은 물질을 버리는 길이라고 주장하였다.

앞에서 언급한 바와 같이 뮌스터에 들어간 일부 재세례파는 일부 다처제를 실시하였다. 그들은 자기들의 행위를 이렇게 정당화하였다. 첫째로, 성경에는 아내는 남편에게 복종하라고 하였는데, 일부일처제를 시행하면 아내가 성을 도구로 하여 남편을 지배하려고 하게 되므로 일부다처제를 실시해야 한다고 주장하였다. 둘째로, 창세기에서 하나님은 인간에게 생육하고 번성하라고 말씀하였으므로 일부다처제를 실시하

여 많은 자녀를 낳아야 한다고 주장하였다. 셋째로, 구약에서
족장들도 일부다처제를 실시하였으므로, 신자들도 그들을 따
라 일부다처제를 실시하여야 한다고 주장하였다.

앞에서 언급한 바와 같이 뮌스터 참사가 있은 후 온건한 재
세례파 교회인 메노파 교회가 형성되어 지금까지 잔존해 있
다. 메노는 영적인 것과 육적인 것을 엄격하게 구별하였다. 그
는 교회의 무기는 영적인 것이지 육적인 것이 아니라고 하였
다. 그래서 혁명적 재세례파를 비판하고 평화주의를 지향하
였다. 기독교 역사에서는 전쟁에 관한 세 가지 입장이 있어 왔
다. 첫째는 성전(聖戰) 사상인데, 이 사상에 따르면 거룩한 목
적을 위해서는 침략적 전쟁도 가능하다. 둘째는 정당한 전쟁
(just war) 사상인데, 이 사상에서는 침략에 대한 방어 전쟁만
인정한다. 셋째는 평화주의(pacificism 혹은 pacifism)인데, 이
사상에서는 어떤 경우에도 전쟁을 해서는 안 된다고 한다. 또
한 메노는 교회가 이 세상과 구별되어야 한다고 주장하였다.
믿는 성인의 세례를 통해 이 세상과 구별시키고, 세례받은 사
람이 범죄하면 권징 즉 기피ban하도록 하였다. 그래서 메노는
세례와 권징을 중시하였다. 참된 교회는 참된 신자들의 모임

이어야 하므로 참된 신자가 아닌 사람은 기피해야 한다고 하였다. 메노는 또한 회심과 회개를 중시하였다. 그는 맹세하는 것이나 병역 의무를 행하는 것이나 그리스도인이 세속 정부에 참여하는 것은 주님의 뜻에 어긋나는 것이라고 하였다. 삼위일체론은 받아들였으나, 그 용어는 성경에 없다고 하여 사용하기를 기피하였다. 메노는 그리스도의 몸은 천상적인 몸이며, 마리아는 태중에 그 몸에 영양을 공급했을 뿐이라고 주장하기도 하였다. 그러나 후에 메노파 교회는 그리스도의 몸은 천상적인 몸이라는 메노의 교리를 버렸다.

2) 신령주의자들과 합리주의자들 멜란히톤

로마가톨릭 교회에 만족하지 못한 사람들이 루터파로 전향하고, 또 루터파에 만족하지 못한 사람들이 재세례파로 전향하였으며, 재세례파에 만족하지 못한 사람들은 혼자서 신비적 명상을 지향하는 신령주의자들로 남았다.

이들 중에 대표적인 사람은 한스 뎅크였다. 그는 처음에는 인문주의적 교육을 받았으며, 고전 연구에 몰두하였다. 그 후 독일 신비주의자들의 사상과 신플라톤주의 사상에 매력을 느꼈다. 또한 그는 토마스 뮌처에게서 영향을 받았다. 그는 뉘른베르크에 있던 유명한 성 세발두스 학원의 원장이 되었다. 그러나 뉘른베르크의 개혁자인 오지안더가 그를 추방하였다. 그는 1525년 8월 후브마이어에게 세례를 받음으로써 재세례파로 개종하였다. 뎅크는 성경을 초월하는 내적 빛을 주장하였다. 그는 그리스도를 사랑의 최고의 모범으로 보았으며, 그리스도인은 그리스도처럼 살아야 한다고 가르쳤다. 그는 보편 구원론, 즉 모든 사람이 다 구원을 받게 된다는 사상을 가지고 있었다. 그는 결국 재세례파에 실망하고 재세례파를 떠나게 되었다.

또 다른 사람은 카스파르 슈벵크펠트Caspar Schwenkfeld이다. 그는 실레지아 지방의 귀족 가문 출신이었다. 슈벵크펠트는 자기는 로마가톨릭과 루터파 사이의 중간이라고 주장하였다. 그는 내적인 것과 외적인 것, 영적인 것과 물질적인 것을 엄격히 구별하였다. 그는 성경을 연구하는 것보다 성령의 영감을 받는 것이 더 중요하다고 말하였다. 중생은 가슴으로 느껴야 한다고 하면서 영혼의 내부적 세례를 강조하였다. 내적 교회와 외적 교회는 구별될 뿐만 아니라 이 둘은 일치하지 않는다고 하였다. 그래서 외적 교회에 나간다고 구원이 보장되는 것은 아니라고 하였다. 성례전에서 빵과 포도주 등은 물질이므로 영적인 것을 매개할 수 없다고 주장하였다. 슈벵크펠트도 메노처럼 그리스도의 몸은 천상적인 몸이라고 주장하였다. 그래서 그는 천상적인 그리스도의 몸과의 신비적인 연합을 강조하였다.

또 다른 신령주의자는 세바스티안 프랑크Sebastian Frank이다. 그는 인간 안에는 하나님의 불빛이 있다고 주장하였다. 영원한 말씀은 이 불빛을 향해 말씀한다고 하였다. 하나님은 성경에 예속되지 않는다고 함으로써 성경의 권위를 약화시켰다. 그는 초대 교회는 영적으로 미성숙하였으므로 성례전이 필요하였으나 이제는 모든 외적인 것은 불필요하다고 보았다. 그도 뎅크처럼 보편 구원론을 주장하였다. 그도 재세례파에도 가담하지 않았다.

소지니주의란 소지니라는 사람에게서 유래하였다. 소지니라는 이름을 가진 두 사람이 있는데, 하나는 삼촌이고 하나는 그의 조카였다. 삼촌인 렐리오 소지니Lelio Sozzini는 법률가였으며, 1540년대 초 개신교로 개종하였다. 그리고 조카인 파우스토 소지니Fausto Sozzini는 1562년 칼빈이 살아 있는 동안 제네바를 여행하기도 한 인물이었다. 이들은 이슬람교도들의 위협이 있는 지역의 출신이었다. 이슬람교도들은 삼위일체론에 다신론적 요소가 있다고 하여 기독교에 적대적이었다. 그래서 렐리오 소지니와 파우스토 소지니는 반 삼위일체론을 전개하였다.

그들은 구약 성서가 영감으로 기록되었다는 것을 부정하고, 신약 성서를 계시의 유일한 근원으로 보았으며 이성에 의해 증명될 수 있는 것만 기독교의 진리일 수 있다고 하였다. 그래서 그리스도의 화육, 삼위일체, 그리스도의 두 본성 등에 대해서는 반대하였다. 그들은 도덕적 목적에 부합되어야 참된 종교라고 보았다.

그들의 신론은 반 삼위일체적이었으며, 초대 교회의 역동적 단일 신론이나 현대 교회의 유니테리안주의에 가까웠다. 성서에서 예수를 하나님이라 할 때 그것은 단순히 하나님에 대한 독특한 관계를 인정한 것이라고 하였으며, 성령은 하나님의 능력과 감화에 불과하다고 하였다.

그들은 인간은 처음부터 가사적 육체로 창조되었다고 하였으며, 인간의 지식은 창조 때부터 불완전하였다고 하였다. 또한 그들은 아담과 그 자손이 타락에 의해 자유 의지를 상실한 것이 아니라고 주장하였다. 그래서 회심할 때 신적 은총이 필요한 것은 아니라고 하였다.

예수의 선재, 화육, 신성의 교리에 대해 반대하였다. 예수는 모든 아들들 가운데 가장 탁월하고 가장 많은 사랑을 받는 자에 불과하다고 보았다. 그래서 예수에 대한 숭배를 거부하는 파도 있었다. 또한 그들은 예수의 죽음을 죄에 대한 배상으로 보는 것에 대해 반대하였다. 그들은 도덕적 범죄는 전가될 수 없으며, 배상은 범죄자 자신이 해야 한다고 하였다. 그래서 그들은 계명에 대한 실제적 복종에서 진정한 구원이 이루어진다고 하였다.

요컨대, 그들은 그리스도를 단순히 도덕적, 종교적 진리의 계시자나 선생으로 간주하며, 그의 죽음은 예언자의 순교로, 교회는 하나의 학교로 간주하였다. 그 기원에 있어서 두드러진 것은 감정이나 양심의 요청이 아니라 지성의 요청이었다. 죄에 대한 개념과 죄의 원인 및 죄의 심각성에 대한 개념은 루

터나 다른 정통적 종교개혁자의 개념과 매우 달랐으며 그래서
그들과 완전히 분리하게 되었다.

제6장

칼빈의 종교개혁 운동은
어떻게 진행되었는가

프랑스어로 장 칼뱅(Jean Calvin) 혹은 장 코뱅(Jean Cauvin)이라 불리운 요한 칼빈은 1509년 7월 10일 프랑스의 노용(Noyon)에서 태어났다. 칼빈의 아버지 제라르 코뱅(Gerard Cauvin)은 장인과 뱃사공에서 집념과 야망에 의해 소시민 계층으로 상승했다. 제라르는 1481년 시의 등기 직원이 되었으며, 후에 노용 주교청의 비서, 노용 참사회의 대리인이 되었으며 1498년에는 시민의 신분을 얻었다. 칼빈이 태어난 노용은 파리에서 북동쪽으로 약 60마일 떨어진 피카르디(Picardy) 지방의 한 도시로서 대성당이 있는 곳이었으며, 그 대성당의 주교가 그 도시를 통치했다. 칼빈이 출생해서부터 1525년까지 노용시를 통치한 주교는 샤를 드 앙제(Charles de Hangest)였는데, 칼빈은 어려서부터 이 주교 집안의 자녀들과 친하게 지냈으며 후에 파리로 유학을 갈 때 앙제 집안의 세 자녀들과 함께 갔다. 칼빈은 1532년에 쓴 세네카 관용론 주석을 이들 중 하나인 클로드(Claude)에게 헌정했다. 그는 헌정사에서 "나는 소년으로서 당신의 집에서 교육을 받았으며, 당신과 함께 동일한 공부를 시작했기 때문에 내 생애와 저작에 있어서 나의 첫 교육에 대해 당신의 가장 고귀한 가문에 빚지고 있습니다"라고 말했다.

칼빈은 1521년 열두 살 때, 노용 대성당에 있는 라 제신(La Gésine) 제단으로부터 나오는 수입의 일부를 받았다. 칼빈 이전에 칼빈의 형 샤를(Charles)도 1518년 이 제단에서 나오는 수입의 4분의 1을 받았다. 칼빈은 1527년 쌩 마르탱 드 마르테빌(Saint-Martin-de-Martheville) 교구의 사제보의 성직록을 받았으며 후에는 그 대신에 아버지의 고향인 퐁 레벡(Pont l'Evê-que)의 성직록을 받았다. 그러나 칼빈은 로마 교회의 사제로 서품을 받지는 않았다.

칼빈이 고향을 떠나 파리로 가서 대학 공부를 시작한 것은 언제였는가 하는 문제는 아직 해결되지 않았다. 지금까지 다수의 학자들은 칼빈이 파리로 간 것이 1523년이었다고 주장해 왔으나, 근래에 들어와서 일부의 학자들은 다시 1521년경이었다고 주장하고 있다.

칼빈이 파리로 가서 처음 공부한 곳은 마르쉬 대학(Collège de la Marche)이고 여기서 코르디에(Mathurin Cordier)에게 라틴어를 배웠다는 것이 지금까지의 통설이다. 그러나 근래에 와서 이런 기존 학설에 이의를 제기하고, 칼빈은 처음부터 몽테귀 대학(Collège de Montaigu)에 소속했으며, 몽테귀 대학에 소속하면서 다른 대학에 있는 코르디에의 강의를 들었을 것이라고 하는 주장이 나타났다.

칼빈은 1550년 『데살로니가 전서 주석』을 코르디에에게 헌정하면서 다정다감한 헌정사를 썼다. "나의 아버지가 소년인 나를 파리로 보낼 때 나는 라틴어의 초보만 했습니다. 그러나 짧은 동안 당신은 공부의 참된 방식을 나에게 가르치기 위하여 하나님이 내게 보낸 스승이었으며, 그 후 나는 좀 더 능숙하게 되었습니다. … 나는 후진들에게 그들이 내 저작들에 조금이라도 유익을 얻는다면 그것은 상당한 정도로 당신의 덕분이라는 것을 증거하고 싶습니다"라고 칼빈은 말했다. 코르디에는 당시의 일류 교사였을 뿐만 아니라 인간 교육을 주장한 근대 교육학의 창시자였다.

칼빈이 소속한 몽테귀 대학은 정통주의의 요새들 중 하나로 간주되던 곳이었다. 에라스무스는 자신의 모교인 몽테귀 대학을 이렇게 혹평했다. "침대는 너무 딱딱하고 음식은 너무 형편없고, 종교적 철야와 연구는 너무 무거워 이 대학에 들어온 첫 해에는 장래성을 보인 많은 젊은이들이 죽지 않는다면 미치거나 맹인이 되거나 나병에 걸리거나 한다. 형벌은 매질하는 것이며 교수형 집행인의 손에서나 기대할 끔찍함으로 다스려진다. 그 대학의 학장은 우리 모두를 수도사로 만들기를 원했으며 우리에게 금식하는 것을 가르치기 위해 육류를 전혀 주지 않았다." 몽테귀 대학은 악명 높은 대학이긴 했지만, 16세기의 가장 저명한 인물들인 인문주의의 왕자 에라스무스, 종교개혁의 완성자 칼빈, 가톨릭 부흥 운동의 주도자 이그나티우스 로욜라를 배출한 대학이었다. 수도원적인 몽테귀 대학의 극기적 교육이 이런 위대한 인물들을 탄생시키는 데 어느 정도 공헌했을 것이다. 칼빈은 몽테귀 대학에서 스페인 사람 코로넬(Antonio Coronel)의 철학 강의에 영향을 받았을 것이다. 또한 몽테귀 대학에는 스코틀랜드인인 메이저(John Major)가 있었는데, 그가 칼빈에게 어떤 영향을 끼쳤는가 하는 것은 논쟁되는 문제이다. 칼빈은 이 시절 많은 친구들을 사귀었으며, 특히 왕의 주치의였던 콥(Guillaume Cop) 집안과 친하게 지냈다.

칼빈의 아버지는 칼빈이 어려서부터 그를 성직자로 키울 생각을 했다. 그래서 열두 살 때 체발하고 성직록을 받게 했다. 그러나 칼빈이 파리 대학교의 몽테귀 대학에서 문학 석사를 마쳤을 때 칼빈의 아버지는 칼빈에게 법학을 하라고 명했다. 칼빈의 아버지가 왜 생각을 바꾸었는가 하는 문제에 대해서는 학자들의 의견이 엇갈린다. 칼빈 자신은 『시편 주석』 서문에서 이렇게 쓰고 있다. "내가 아직 매우 어린 소년이었을 때 아버지는 나를 신학 공부를 하도록 예정해 두었다. 그러나 후에 법률계에 종사하는 사람들이 보통 수입이 높은 것을 알고 돌연히 그 목표를 바꾸었다. 그래서 철학 공부를 그만두고 법학 공부를 하게 되었다." 칼빈의 아버지가 아들의 진로를 바꾸게 한 데는 여러 가지 복합적인 이유들이 있었을 것이다. 장래 수입에 관한 생각도 했을 것이며, 노용 참사회와의 불화 때문에 아들의 장래가 불확실하다는 생각을 했을 것이다.

칼빈은 아버지의 명에 따라 오를레앙(Orleans) 대학교에 가서 법학 공부를 했다. 이것은 그의 생애에 있어서 중대한 의미를 가졌다. 만일 칼빈이 파리 대학교에서 신학 공부를 계속했더라면 이 보수적인 대학교의 교육에 의해 로마가톨릭 교회의 한 성직자로 남았을 것이다. 그가 오를레앙에 와서 인문주의에 접함으로써 로마가톨릭 교회를 비판하고 종교개혁 운동을 전개할 계기를 마련했다고 할 수 있다. 오를레앙 대학교는 당시 법학으로 유명했다. 파리 대학교는 오를레앙이 신학 교수좌를 가져 경쟁하는 것을 반대했기 때문에 오를레앙은 법학에 전력하게 되었다. 그 결과 8명의 법학 박사를 가지게 되었으며, 그 중에서도 가장 뛰어난 사람은 레스토알(Pierre de l'Estoile)이었다. 칼빈은 레스토알에 대해 "정신의 통찰력, 그의 강연, 법학에 있어서 경험으로, 그는 이 시대에 법학에 있어서 동배가 없는 왕자로 있다"라고 격찬했다. 오를레앙에는 또한 독일인 볼마르(Melchior Wolmar of Rothweil)가 있었다. 칼빈은『고린도 후서 주석』을 볼마르에게 헌정하면서 이렇게 말했다. "나의 아버지가 시민법을 공부하도록 나를 보내었을 때 처음에 나는 당신의 격려에 의해, 당신의 지도 아래 그리스어 공부를 하게 되었습니다. 당신은 당시 그리스어의 아주 뛰어난 선생이었습니다."

칼빈은 1529년 유명한 이탈리아인 학자 알치아티(Andrea Alciati)의 명성을 따라 부르지(Bourges) 대학교를 갔다. 칼빈은 1531년 초에 법률가 자격증(licencié ès lois)을 딴 것으로 보인다.

이때까지 칼빈의 후견인 역할을 해 왔던 칼빈의 아버지가 1531년 5월 26일 세상을 떠났다. 칼빈은 이후 자기의 원대로 프랑수아 1세가 1530년 파리에 설립한 프랑스 대학(Collège de France)에서 그리스어 공부를 계속함과 동시에 히브리어 공부를 시작했다. 한편으로 칼빈은 『세네카 관용론 주석』에 몰두해서 1532년 4월 4일자로 서문을 써서 이 책을 출판했다. 이 책은 칼빈이 젊은 날 지니고 있었던 인문주의를 집대성한 것이라고 할 수 있다. 칼빈은 여기서 세네카와 키케로를 비롯하여 56명의 라틴 저자들과 22명의 그리스 저자들의 저작에서 인용하고 있으며, 아우구스티누스를 비롯하여 7명의 교부들을 인용하고, 뷔데(Guillaume Budé)와 에라스무스를 비롯하여 당시의 여러 저자들을 인용했다. 한편, 세네카의 스토아 철학이 칼빈에게 어떤 영향을 미쳤는가 하는 문제에 대해서는 학자들의 견해가 서로 다르다.

칼빈이 『시편 주석』 서문에서 "돌연한 회심"이라고 부른 사건, 즉 복음주의에로의 회심이 언제 있었는가 하는 문제는 칼빈 연구가들 사이에 뜨거운 논쟁을 불러 일으켜 왔다. 대체적으로 말하면 『세네카 관용론 주석』이 나온 1532년을 기점으로 하여 그 전이라고 보는 학자들과 그 후라고 보는 학자들로 나눌 수 있다. 근래에 와서는 칼빈의 회심이 1532년 이전에 있었으나 그의 회심은 점진적이었다고 보는 견해들이 나타나고 있다.

1533년 11월 1일 콥(Nicolas Cop)은 파리 대학교의 신임 총장으로 취임 연설을 했다. 그는 에라스무스와 루터의 말을 사용하여 개혁을 호소했다. 칼빈이 이 연설문을 썼는가 하는 것은 계속 논쟁되어 온 문제이다. 이 사건으로 칼빈은 파리를 떠나 피신해야 했다. 칼빈은 1534년 5월 4일 노용에서 성직록을 반환했다. 이 때 칼빈이 소요로 투옥되었다고 하는 주장은 사실이 아니다. 한편 1534년 10월 마르쿠르(Antoine Marcourt)가 미사를 반대하는 조문들을 붙인 사건이 있은 후 개혁자들에 대한 박해가 재개되었다. 프랑수아 1세는 황제에 대항해 독일 신교도들의 도움을 얻기 위해 프랑스 신교도들을 박해한 것은 그들의 무정부주의 때문이라고 변명했다. 칼빈은 복음주의의 진리를 설명하기 위해 이미 집필을 시작한 책을 서둘러 완성하여 신교도들을 변호하는 서문을 붙여 1536년 3월 바젤에서 출판하여 프랑수아 1세에게 헌정했다. 이 책이 그의 명저 『기독교 강요』이다.

칼빈은 『기독교 강요』를 출판한 후 이탈리아에 있는 페라라의 공작궁을 방문했다. 페라라의 공작 부인 르네(Renée)는 전임 프랑스 왕 루이 12세(Louis XII, 1498-1515 재위)의 딸로서 여자 계승을 금한 프랑스의 살릭(Salic)법이 아니었더라면 프랑수아 1세 대신에 프랑스 왕이 되었을 사람이었다. 르네는 박해받던 프랑스의 신교도들을 보호해 주었다. 칼빈은 이탈리아에서 잠시 머문 후 프랑스에 들렸다가 그의 동생과 누이와 함께 쉬트라스부르크로 가려고 했다. 그러나 독일과 프랑스의 전쟁 때문에 제네바를 거쳐 가야 했다.

제네바는 칼빈이 오기 얼마 전인 1536년 5월 21일 시민총회에서 "하나님의 이 거룩한 복음적 법과 말씀 안에 살고", "모든 미사들과 다른 의식들과 교황의 폐단들, 이미지들 및 우상들을 버리기로" 결정했다. 당시 제네바에서 종교개혁을 하던 사람은 파렐(Guillaume Farel)이었다. 파렐은『기독교 강요』의 저자인 칼빈이 제네바에 왔다는 소식을 듣고 칼빈을 찾아가 제네바에서 함께 일할 것을 강권했다. 칼빈은 파렐과의 만남을 이렇게 술회했다. "나는 가는 곳마다 내가 그 책의 저자라는 것을 감추려고 조심했다. 나는 마침내 제네바에서 기욤 파렐이 조언이나 권고로가 아니라 무서운 저주로 나를 제네바에 묶어 두기까지 계속 홀로 묻혀서 지내려고 했다. 나는 파렐의 저주를 마치 하나님이 나를 사로잡기 위해 하늘로부터 내 위에 권능의 손을 놓은 것처럼 느꼈다."

칼빈은 제네바에서 처음에는 성서 강해자로 일하기 시작했으며, 후에는 설교자로 임명되었다. 칼빈은 파렐과 함께 베른을 도와 보와 로잔에 종교개혁을 확립하기 위해 노력했다. 그들은 제네바에서 첫째로 성찬식을 매달 행할 것을 주장했으며, 도시의 각 구역에 감독자들을 세워 성찬을 받기에 합당치 않은 자를 찾아내어 출교시킬 것을 주장했다. 둘째로 교리 문답을 만들어 아동들을 교육할 것을 주장했다. 셋째로 신조를 만들어 시민들에게 부과할 것을 주장했다. 제네바의 소의회는 이들 제안들을 수정하여 채택했다.

제네바에서 칼빈의 일은 곧 도전을 받게 되었다. 성찬을 받기에 합당치 않은 자들은 출교 처분을 내려 성찬식에 참여하지 못하게 한다는 결정과 모든 시민들이 신조에 동의해야 한다는 결정은 곧 반대에 직면했다. 1538년 1월 200인 의회에서는 아무에게도 성찬을 거부해서는 안 된다고 결정함으로써 칼빈이 구상한 권징 체계를 부정했다. 1538년 2월 선거에서 선출된 4명의 집정관들은 제네바 안에 베른의 영향을 증대시키기를 원했다. 마침내 시 당국에서는 목사들에게 성찬식 때 유교병 대신에 베른처럼 무교병을 사용하라는 등등의 명령을 내렸다. 칼빈은 이런 문제들이 중성적인 문제들이라고 생각했지만 시 정부가 교회 일에 관여하는 것을 받아들일 수 없어 시의 명령에 불복했다. 마침내 1538년 4월 23일 칼빈을 비롯한 제네바 목사들은 제네바에서 추방되었다.

추방당한 칼빈은 부처(Martin Bucer)의 초청으로 쉬트라스부르크로 갔다. 칼빈은 쉬트라스부르크의 프랑스 피난민 교회에서 목회를 했으며 프로테스탄트와 가톨릭의 모임에 프로테스탄트 측 대표로 활약하기도 했다. 그는 1540년 이델렛

드 뷔르(Idelette de Bure, ?-1549)와 결혼하여 몇 명의 자녀를 두었으나 자녀들은 오래 살지 못했다. 1549년 부인이 죽기까지 아름다운 가정을 꾸려 갔다. 칼빈은 쉬트라스부르크에서 『기독교 강요』의 증보판을 냈다. 또한 여기서 『로마서 주석』을 출판했는데, 칼빈은 이후 계속 성서 주석을 출판해 갔다. 한편 칼빈이 쉬트라스부르크에 있는 동안 가톨릭의 추기경인 사돌레토(Jacopo Sadoleto)가 제네바에 글을 보내 로마가톨릭 교회로 돌아올 것을 종용하자 칼빈은 사돌레토의 글을 반박하는 글을 썼다. 이것은 프로테스탄트의 원리들을 훌륭하게 변증한 변증문으로 평가받아 왔다.

칼빈이 쉬트라스부르크에 있는 동안 칼빈을 반대한 친 베른파가 베른과의 조약에서 제네바에 불리한 조약을 체결한 사건이 생겼으며, 이 결과 베른파는 약화되고 기욤 파렐과 칼빈을 지지하던 소위 기욤파가 점점 우세하게 되었다. 그들은 어렵게 칼빈을 설득하여, 마침내 1541년 9월 13일 칼빈은 다시 한 번 제네바에 오게 되었다.

칼빈은 제네바에 돌아오자 '교회 법령'을 작성했다. 이 법령에서는 교회의 네 직임으로 목사, 교사, 장로, 집사를 들었다. 교회의 네 직임론은 부처가 주장했던 것이기도 하다. 장로는 의회에서 12명을 선출하도록 했으며, 이들은 목사들과 함께 '당회'(Consistoire)를 구성했다. 당회에서는 권징의 문제를 취급했는데, 권고해도 회개하지 않으면 출교하고, 죄가 무거우면 시 당국에 넘겨 처벌하게 했다. 칼빈은 제네바가 기독교 공동체의 모델이 되기를 원했다. 제네바에는 많은 프랑스 난민들이 몰려왔으며, 그 외에도 이탈리아, 네덜란드, 영국, 스코틀랜드에서도 왔다.

칼빈의 개혁 활동은 다시 도전을 받기 시작했다. 우선 칼빈의 개혁의 엄격성에 반대하던 자유주의자들의 도전이 있었으며, 또한 외부인들의 영향력에 두려움을 갖기 시작한 본토인들의 도전이 있었다. 또한 칼빈의 신학에 대한 비판도 있었다. 볼섹(Jerome Bolsec)은 칼빈의 예정설은 하나님을 죄의 원인으로 만든다고 비판했다. 볼섹은 정죄를 받고 추방당했다. 그러나 그는 칼빈에 대한 악의에 찬 전기를 써 칼빈을 악인으로 비치게 했다.

1553년 선거에서 칼빈의 반대파가 우세했다. 칼빈은 다시 한 번 추방될 위기에 처해졌다. 그러나 바로 그때 세르베투스

(Michael Servetus) 사건이 터졌다. 세르베투스는『기독교 회복』이라는 책을 출판했다. 그는 거기서 삼위일체론을 비판했으며, 유아 세례도 비판했다. 세르베투스는 그의 이단 사상 때문에 가톨릭 지역인 비엔나에서 화형 선고를 받고 투옥 중 탈출하여 제네바로 왔다. 세르베투스는 칼빈이 제네바에서 고전 중이라는 소문을 듣고 칼빈을 공격하기 위해 제네바로 온 것으로 추정된다. 세르베투스는 제네바에서 체포되어 투옥되었다. 세르베투스를 두고 자유주의자들과 칼빈 사이에 힘겨루기가 시작되었으며, 결국 세르베투스가 1553년 10월 27일 화형 됨으로써 자유주의자들의 세가 꺾이기 시작했다. (한편 1903년 10월 27일 세르베투스 화형 350주년을 맞아 칼빈의 후예들이 그 자리에 속죄의 비석을 건립했다.)

1554년 선거에서 칼빈파가 우세해졌다. 1555년 1월 선거에서는 네 명의 집정관 모두가 칼빈파였다. 이때 교회에서는 시 정부의 간섭 없이 출교할 독자적 권리를 획득했다. 1555년 5월 16일 저녁 칼빈 반대파가 반란을 일으켰으나 진압되었다. 이후 칼빈의 개혁 운동은 순조롭게 진행되었다. 1556년 제네바를 방문한 존 녹스(John Knox)는 "여기에 사도 시대 이후 가장 완전한 그리스도의 학교가 있다. 여기보다 도덕과 신앙이 향상된 곳을 나는 보지 못했다"고 말했다.

제네바의 정치는 안정되었으나 칼빈의 건강은 악화되었다. 그는 여러 가지 질병으로 고통을 겪으면서 구술하여 저작 활동을 계속했다. 병문안을 왔던 사람들이 휴식을 권고하면 그는 마지막 숨을 쉴 때까지 하나님의 일을 하겠다고 말했다. 칼빈은 1564년 5월 27일 세상을 떠났다. 칼빈은 세상을 떠났지만, 그의 저작과 제네바 아카데미에서 교육받은 유학생들을 통해 그의 사상과 정신은 전 유럽으로 확산되었다.

제7장

성공회는
어떻게 시작되었는가

1. 서언

영국의 종교개혁에 대해 엘턴(G. R. Elton)은 "위로부터 신속한 종교개혁"(rapid Reformation from above)을 주장했다. 즉, 영국의 종교개혁은 국왕에 의해 빠른 시일 안에 이루어졌다고 보았다. 그러나 디킨스(A. G. Dickens)는 "아래로부터 신속한 종교개혁"(rapid Reformation from below)을 주장했다. 즉, 영국의 종교개혁은 영국의 종교개혁자들에 의해 아래로부터 빠른 시일 내에 이루어졌다고 보았다. 반대로 수정론자(revisionist)인 하이(Christopher Haigh)는 "점진적인 종교개혁"(slow Reformation)을 주장하였다. 하이는 위로부터의 강요가 있었으나 민중의 저항 때문에 서서히 종교개혁이 받아들여졌다고 했다. 다른 한편 반수정론자(counter-revisionist)인맥컬로흐(Diarmaid MacCulloch)는 "점진적인 종교개혁"을 받아들이나 위로부터의 강요에 의해서가 아니라 프로테스탄트의 이념들 때문에 영국 국민들이 새 종교를 받아들였다고 주장했다.

대륙에서 종교개혁이 파급되어 감에 따라 영국에서도 종교개혁자들이 나타나 활동하기 시작했다. 이들 종교개혁자들의 활동은 위클리프의 개혁 운동을 따르던 롤라드에게 큰 힘이 되었다. 그래서 영국에서는 옛날의 개혁 운동인 롤라드 운동과 새로운 개혁 운동이 연합하여 교회 개혁 운동을 하게 되었다. 또한 이탈리아에서 시작된 인문주의 운동이 영국에서도 나타나 토마스 모어, 존 콜레트와 같은 인문주의자들이 교회의 미신적 관행들을 비판하기 시작했다.

이상에서 언급한 요소들이 영국의 종교개혁에 깊은 영향을 미쳤지만 영국에서 종교개혁의 도화선이 된 것은 국왕 헨리 8세의 이혼 문제였다. 헨리 8세의 형인 아서 왕자는 14세 때 16세인 스페인의 캐서린 공주와 결혼했다. 그러나 아서는 결혼한 지 5개월이 못되어 사망하게 되었다. 스페인 왕은 자기 딸이 청상과부가 된 것을 괴로워한 나머지 아서의 동생인 헨리 8세와 다시 결혼시킬 것을 요구했다. 그래서 아서가 죽고 난 뒤 7년 후인 1509년 헨리 8세와 캐서린이 결혼했다. 헨리 8세와 캐서린 사이에는 메리 공주 하나뿐이었다. 헨리 8세는 자기 왕국을 공주에게 물려주기는 어렵다고 생각했다. 이제 기초가 강화되어 가는 영국을 공주에 물려준다는 것은 위태로운 일이라고 생각했다. 그때 그는 사랑에 빠진 앤 볼린이라는 여성에게서 왕자를 보기 위해 캐서린과 이혼을 궁리했다. 교황은 처음에는 이 이혼을 인정해 줄 생각이었으나 당시 황제 찰스 5세가 자기 이모가 이혼당하는 것을 보고 있을 수 없어 교황에게 압력을 가했다. 이래서 국왕은 종교개혁자인 토마스 크랜머를 캔터베리 대주교로 임명하고 그로 하여금 캐서린과의 결혼은 형수와의 불법적인 결혼이었으므로 무효였다고 하는 선언을 하게 했다.

2. 헨리 8세 치하의 개혁

헨리는 1534년에 국회에서 수장령을 통과시켰는데, 그것은 영국 교회의 머리는 교황이 아니라 국왕이며, 국왕은 안

수나 성례 집례 이외의 교황의 권한을 갖는다는 것이었다. 헨리는 수장령에 반대하는 카르투시아 수도사들을 처형하고, 피셔 주교와 토마스 모어를 처형했다. 그리고 1536년에는 영국 교회의 신조로 10개 조문을 작성하게 했다. 이 조문은 복음주의적인 크랜머 대주교의 입장보다는 보수주의적인 가디너 주교의 입장이 반영된 것이다. 이 조문은 교황의 간섭을 막는 한편 교리와 의식은 그대로 두었으나 아우구스부르크 신앙고백의 영향이 희미하게 반영된 것이다. 성경의 전체 정경과 고대의 3신조를 교리의 표준들이라 하고 세례는 구원에 필수적이라고 주장했다. 고해는 세례 후에 짓는 중죄를 위한 성례라 규정하고 성찬에서 그리스도의 몸과 피를 받는다고 했다. 그러나 가톨릭의 7성례 중 4성례에 대해서는 언급하지 않았다. 그 다음으로 행위로는 의인이라 칭함을 받을 수 없다고 말하면서 신앙에 뒤따르는 선행을 하나님이 요구하신다고 했다. 그 다음 6조부터 10조까지는 로마가톨릭 교회의 여러 가지 의식을 다루는데, 한 마디로 말해 그 의식은 선하지만 구원할 힘은 없다고 하는 입장을 취하고 있다.

헨리는 처음에는 10개 조문에 나타난 것처럼 프로테스탄트 측 방향을 다소 수용했으나, 마침내 교황이 프랑스와 스페인이 연합하여 영국을 공격하라고 명령한 후 가톨릭 측의 공격을 피하기 위해 가톨릭적 정통 신앙의 선언이 필요하다고 느꼈다. 그래서 1539년 헨리는 6개 조문을 작성하여 발표하게 하는데, 그것은 화체설을 주장하고 성직자의 결혼을 반대하고 순결 서약과 보통 미사와 고백을 장려한 것이었다. 이로 보아서 헨리 8세의 개혁은 영국 교회가 로마가톨릭 교회로부터 단절되었다는 의미에서 반가톨릭적이긴 했으나 친 프로테스탄트적이었다고 보기는 어려웠다.

3. 에드워드 6세 치하의 개혁

1547년 헨리 8세가 죽고 그의 아들 에드워드 6세가 왕위에 올랐다. 그는 서머셋의 후견을 받으며 프로테스탄트의 영향 아래 영국 교회를 개혁해 나갔다. 우선 1547년 국회에서는 평신도에게 두 종류의 성찬을 베푸는 것을 결정했으며 6개 조문을 취소했다. 다음해는 성상을 제거하고 그 다음해는 성직자의 결혼을 인정했다. 1549년 공동 기도서를 발행하고 통일

령을 발표하여 모든 예배에서 이 기도서를 사용하도록 했는데, 이 기도서는 프로테스탄트적이었다. 1553년에는 대주교 크랜머에 의해 42개 조문이 작성되었는데 이 신조는 칼빈주의적 프로테스탄트주의를 반영하고 있다. 5조에서는 성서에 기록되지 않은 것이나 성서에 의해 입증되지 않은 것은 신앙의 조항으로 믿도록 강요해서는 안 된다고 함으로써 성서의 유일한 권위를 주장했다. 9조에서는 하나님의 은총이 없이는 선행을 할 힘이 없다고 함으로써 은총을 강조했다. 11조에서는 '오직 신앙'에 의한 득의를 주장했다. 17조에서는 구원으로의 예정만 언급하고 유기에 대해서는 언급하지 않음으로 극단적 칼빈주의에 대해서는 유보적인 입장을 취했다. 20-22조에서는 교회의 두 표지는 말씀과 성례라고 함으로써 아우구스부르크 신앙고백과 칼빈의 입장을 따르고 있다. 26-30조는 성례를 다루는데, 성례를 단순한 상징으로 보는 츠빙글리의 입장과 가톨릭의 화체설과 루터파의 편재설을 다 비판하고 칼빈적 입장을 고수하고 있다.

4. 메리 여왕의 가톨릭적 반동

프로테스탄트들의 의욕적 개혁 운동은 허약한 국왕 에드
워드 6세의 사망으로 시련에 봉착하게 되었다. 헨리 8세의 남
은 두 딸은 캐서린의 딸인 메리 공주와 앤 볼린의 딸인 엘리자
베스 공주였다. 결국 왕관은 메리 공주에게로 돌아갔으며 메
리 공주는 자기 어머니의 결혼이 무효라고 선언한 프로테스탄
트들에 대해 피의 보복을 시작하고 가톨릭교회로 돌아갔다.
1554년 메리는 가톨릭 군주인 스페인의 필립과 결혼함으로
써 가톨릭의 지원을 받았으며, 그해 폴 추기경은 영국 교회를
이단죄로부터 사면시켜 주었다. 1555년에는 로저스, 라티머,
리들리 등이 처형되었다. 라티머는 옥스퍼드에서 처형되면서
순교자의 용기를 보여 주어 보는 이들을 감동시켰다. 라티머
는 리들리에게 이렇게 말했다. "리들리 씨, 마음을 굳게 먹고
남자답게 용기를 내십시오. 우리는 오늘 하나님의 은혜로 다
시는 꺼지지 않을 촛불을 영국 안에 밝히게 되었습니다." 크랜
머 대주교는 메리의 회유 정책에 넘어갔다. 크랜머는 자기가
선언한 수장령에 따라 교회의 수장인 국왕 메리에게 순종해야

한다고 결론을 내렸다. 메리는 크랜머에게 프로테스탄트 신앙을 버린다는 확인을 받고도 자기 어머니의 이혼을 가능케 한 그를 살려 둘 생각이 없었다. 크랜머도 역시 옥스퍼드에서 처형되었는데 그는 죽는 순간 자기의 프로테스탄트 신앙을 선언하고 용기 있게 죽었다. 메리 여왕의 프로테스탄트 박해로 인해 300명에 가까운 프로테스탄트들이 순교했다.

5. 엘리자베스 여왕 치하의 개혁

메리 여왕은 불과 5년간 재위하고 사망하게 됨에 따라 영국의 왕위는 헨리 8세의 남은 딸 엘리자베스에게로 넘어갔다. 엘리자베스는 1559년 메리 여왕이 폐기시킨 수장령을 다시 통과시켰다. 이번에는 영국왕이 영국 교회의 최고 머리라는 표현 대신 최고 통치자라는 표현으로 바꾸었다. 또한 1559년에 에드워드 6세 때 작성한 제2기도서를 개정하여 예배 때 사용하게 했다. 1563년에는 42개 조문을 개정하여 39개 조문을 만들었다. 제외된 3개 조문은 재세례파와 관계된 조문으로 더이상 재세례파의 위험이 없어져서 불필요하여 삭제한 것이었다. 이 39개 조문은 그 후 계속하여 영국 교회의 표준적 신조가 되었다. 엘리자베스 여왕의 이런 노력도 철저한 프로테스탄트들 편에서는 불완전한 개혁으로 보였다. 그래서 영국 교회를 가톨릭교회의 잔재로부터 청결케 해야 한다고 주장하는 사람들이 나타나기 시작했는데 이들을 청교도라고 한다. 1566년 험프리와 샘프슨은 사제 복장을 비판했으나 파커 대주교가 이들을 면직시킴으로써 영국 교회 성직자들은 계속 사제 복장을 입었다. 1570년에는 카트라이트가 주교 제도에 대해 비판한다가 파면되었다. 영국 교회는 이처럼 제도와 의식은 가톨릭 전통을 고수하고 신앙과 교리에 있어서는 프로테스탄트 측 입장을 받아들이는 중도의 길을 갔다.

제8장

스코틀랜드 장로교회는
어떻게 시작되었는가

스코틀랜드는 영국과 3차에 걸친 전쟁을 하면서 영국과의 합병을 두려워하여 친불 정책을 썼다. 제임스 4세는 영국 왕 헨리 7세의 딸 마가렛과 결혼했으나 그의 아들 제임스 5세는 프랑스의 귀족 가문인 기즈가의 메리와 결혼했다. 그러나 스코틀랜드의 귀족들 중에는 국왕의 이런 정책에 반대하는 자들이 있었다.

스코틀랜드에는 일찍부터 종교개혁자들이 활동했다. 1528년 해밀턴은 20대의 청년으로 화형에 처해졌지만 조금도 두려워하지 않고 용기 있게 순교했다. 또한 밀른은 이렇게 말했다. "저는 팔순하고도 이년이올시다. 그냥 두어도 오래 살 수 없습니다. 그러나 내 뼈의 잿더미 속에서 수백의 위인들이 일어날 것입니다."

스코틀랜드에서 종교개혁을 성공적으로 이끈 사람은 존

녹스였다. 녹스는 1540년경 사제가 되었으며 1542년에 이르러 복음주의 신앙으로 돌아섰다. 그는 1547년 세인트 앤드류스에서 프랑스 군에 체포되어 노예선에서 노예 생활을 했으나 석방되어 영국으로 가서 궁중 목사로 일했다. 1554년에는 메리 여왕의 박해를 피해 대륙으로 건너가 제네바에서 칼빈의 영향을 받았다. 그래서 스코틀랜드의 개혁 운동은 칼빈주의적인 것이 되었다. 그는 1555년 스코틀랜드로 가서 개혁 운동을 했으나 여의치 않아 6개월 만에 제네바로 돌아갔다가 다시 1559년 스코틀랜드로 들어가서 개혁 운동을 전개했다.

스코틀랜드의 국왕 제임스 5세가 죽자 갓난 공주인 메리가 1542년 여왕이 되었으며 1547년에는 프랑스의 왕자 프랑수아 2세와 약혼하고 1548년에 프랑스로 건너가게 되었다. 이렇게 메리 여왕이 프랑스와 가까워지자 1557년 프로테스탄트 측과 반불 귀족들이 동맹하여 "하나님 말씀의 회중"을 결성하여 개혁 운동을 폈다.

1559년에 귀국한 녹스는 1560년에 25개 조문을 통과시켰는데, 이 신앙고백은 칼빈주의적 입장을 따르는 신앙고백이었다. 그 신앙고백의 서언에서는 이렇게 말했다. "어떤 사람이 우리의 이 신앙고백에서 하나님의 거룩한 말씀에 모순되는 한 조항이나 문장을 발견하여 그리스도인의 사랑으로 부드럽게 그것을 써서 우리에게 지적해 준다면 반가운 일이 될 것이다. 우리는 명예와 신실성을 가지고 하나님의 말씀, 즉 거룩한 성서로부터 그에게 만족할 만한 대답을 해주거나 아니면 잘못이 입증될 경우 고칠 것을 약속한다." 이 신앙고백에서는 선행은 신앙의 열매이며 신앙은 성령의 열매라고 했다. 그리고 참된 교회의 표지는 세 가지인데, 즉 하나님의 말씀을 진실되게 전파하는 것과 성례를 올바르게 집행하는 것과 권징을 바르게 실행하는 것이라고 했다. 그리고 성례들은 하나님의 백성과 다른 사람들을 겉으로 구별할 뿐만 아니라 그들의 신앙을 강화시켜 주며 그들의 마음속에 하나님의 약속과 그리고 그리스도와 연합되었다는 보증을 인쳐 준다고 했다. 그것들은 아무것도 없는 텅 빈 표시들이 아니라고 했다. 또한 그리스도께서 멀리 하늘에 계시지만 몸과 피는 그의 신성에 의해 우리에게 전달된다고 했다. 하지만 화체에 의해 그렇게 되는 것이 아니라 성령의 능력에 의해 신앙을 통해 그렇게 된다고 했다. 1561년에는 제1 권징서를 제출했는데 여기서 당회, 노회, 대회, 총회라고 하는 장로교회 제도의 전형이 제시되었다.

1560년 프랑수아 2세가 죽고 미모의 청상과부인 메리가 스코틀랜드로 돌아오자 국민들은 그를 열광적으로 환영했다. 그는 열렬한 가톨릭 교도로 프로테스탄트를 박해하고 가톨릭 부흥 운동을 펴기 시작했다. 그러나 그녀가 재혼한 단리가 천연두를 앓아 격리 치료를 받던 중 화재로 죽고 난 다음 보스웰과 다시 결혼하자 국민들은 그들의 도덕성을 의심하기 시작했다. 메리 여왕은 마침내 양위하고 유배되었으며, 영국으로 탈출했다가 반역죄로 처형되게 되었다. 이로써 스코틀랜드는 더 이상의 가톨릭적 반동이 없이 종교개혁이 굳게 확립되었다.

제9장

로마가톨릭의 개혁,
개혁이었는가 반동이었는가

1. 서언

루터가 종교개혁을 시작했을 무렵 많은 사람들이 교회 개혁의 필요성을 느끼고 있었다. 교회가 개혁되어야 한다는 데는 이의가 없었으나 어떤 면에서, 어느 정도로 개혁되어야 하는지에 대해서는 의견들이 달랐다. 많은 사람들이 루터의 생각과는 달리 1,500년간의 교회 전통을 존중하면서 행정적, 도덕적 개혁을 시도했다. 이런 움직임은 루터가 종교개혁을 하기 전부터 시작되었으며, 루터의 종교개혁이 있자 한편으로는 루터의 종교개혁에 반대하고 다른 한편으로 가톨릭교회를 개혁하려는 움직임으로 나타났다. 가톨릭 측의 이 운동은 '반종교개혁'이라고도 불린다. 인류 역사상 혁명이 일어나면 이 혁명에 반대하는 반혁명(Counter-Revolution)이 일어나기도

한다. 반종교개혁은 이런 의미로 만들어진 용어이다. 그러나 가톨릭측의 운동은 단순한 반종교개혁이 아니라 그 나름의 개혁 운동과 부흥 운동이었다고 할 수 있다. 특히 1960년대 이후 가톨릭 측과 개신교 측이 서로 대화를 시작한 후 반종교개혁이라는 설명보다 가톨릭의 개혁 운동과 부흥 운동이라는 설명이 우세해졌다.

2. 로마가톨릭 교회의 개혁 운동

종교개혁 이전에 스페인에서는 이사벨라 여왕과 히메네스 추기경이 가톨릭교회의 개혁과 부흥 운동에 힘썼다. 그들은 성직자들의 도덕적, 지적 향상을 도모하려고 노력했으며, 교회 폐단을 제거하고 성서 연구에 힘쓰게 했으며, 한편으로는 이단 심문소를 설치하여 이단을 경계하는 데 힘썼다.

이탈리아에서도 스페인과 비슷한 가톨릭의 개혁과 부흥 운동이 있었다. 이탈리아에서 이 운동을 주도한 사람은 몇몇 추기경들이었다. 카라파는 나중에 교황 바울 4세가 된 사람으로 보수적인 입장에서 가톨릭 부흥을 도모했으며, 콘타리니는 진보적인 입장에서 개혁 운동을 시도했다. 콘타리니는 1537년 교황에게 친인척 성직 임명, 성직 매매, 성직 중임, 부재 성직, 성직자들의 비도덕적 생활 등 교회의 폐단을 지적하고 시정할 것을 건의했다. 또한 콘타리니는 루터파와의 대화를 통해 화해를 이룩하려고 시도했다. 그러나 강경파인 카라파가 가톨릭교회의 실권을 장악함으로써 루터파와의 화해 노력은 무산되었다. 카라파는 1536년 교황의 사절로 스페인에 머물면서 이단 심문소가 이단을 근절시키는 데 매우 효과적임을 목격하고 이단 심문소를 전 세계에 보급시키는 데 크게 공헌했다. 그는 한편으로는 가톨릭 부흥 운동을 하고 다른 한편으로는 프로테스탄트 탄압 운동에 힘썼다. 사돌레토는 여러 저작 활동으로 가톨릭교회의 부흥 운동을 했으며 특히 칼빈이 제네바를 떠나 있는 동안 제네바를 구교로 돌리기 위해 노력했다. 이들 외에도 신비주의자들, 신설 수도회의 수도사들이 가톨릭의 개혁과 부흥 운동에 공헌했다.

3. 예수회 중심의 가톨릭 부흥 운동

예수회의 창설자 이그나티우스 로욜라(Ignatius Loyola)는 스페인의 바스크 귀족 가문에서 1491년에 태어났다. 그는 젊었을 때 궁정에서 견습 기사로 봉사했으며 그 후에는 군인으로 봉사했다. 그는 1521년 5월에 프랑스인들이 나바레를 침입했을 때 팜플로나 전투에서 큰 부상을 입었다. 이 사건은 그의 생애에 있어서 결정적인 전환점이 되었다. 그는 자기 집안의 성곽에서 길고 고통스러운 회복기를 보내는 중에 회심을 체험했으며 더 높으신 주님께 헌신하고 봉사하기 위해 지상의 왕을 섬기려 한 모든 야망을 끊기로 결심했다. 그 동안 그에게 깊은 영향을 준 책은 루돌프의『그리스도의 생애』, 야코포의『황금 전설』이었다. 그 후 그는 토마스 아 켐피스의『그리스도를 본받아』를 읽고 깊은 감명을 받았다. 상처가 회복된 후 그는 몬트세랏에 있는 성모 마리아의 성전으로 순례 여행을 갔으며, 그 후 만레사라고 하는 작은 도시에서 몇 개월 동안 은거하고 있었다. 거기서 그의 종교적 체험이 완성되었을 때 새 사람이 되어 그의 위대한 생애가 시작되었다. 그는 자기 삶의 목적이 하나님을 섬기고 영혼을 구원하는 것임을 깨닫게 되었다.

그는 1523년 초 성지 방문을 떠났으며 다음해에 돌아와서 자기 일을 효과적으로 하기 위해 교육을 받기 시작했다. 알칼라와 살라만카에서 교육을 받은 후 파리 대학에 가서 1528년부터 1535년까지 공부했다. 1534년 몽마르트르에 있는 작은 채플에서 로욜라, 프랜시스 사비에르, 디에고 라이네즈, 알폰소 살메론 등등 일곱 사람이 빈곤과 순결 서약을 하고 터키인들을 개종시키기 위해 예루살렘으로 가기로 결의했다. 그러나 전쟁 때문에 해외 선교가 불가능하자 1538년 교황의 뜻에 따르기 위해 로마에 모였다. 거기서 몇 달 동안 지속적인 종교적 조직을 결성하기로 결정했으며 새 모임의 목적과 특성을 토론했다. 마침내 1540년 바울 3세는 교서를 통해 예수회를 공식적으로 승인해 주었다.

1540년 로욜라의 『영적 훈련』의 결정판이 나왔다. 이것은 "자기의 정복과 삶의 규칙화"가 그 목적이었는데 가톨릭 부흥에 밑받침이 될 개인적 개혁과 헌신을 위해 매우 효과적인 것이었다. 로욜라는 순결, 청빈, 순종이라는 수도원의 전통적 규칙에다 교황에 대한 절대적 순종을 첨가했다. 그는 규칙 13조에서 "우리는 온전히 교회와 같은 마음을 가지며 교회에 순응하기 위해 우리 눈에 희게 보이는 것을 교회가 검다고 정의한다면 우리는 그렇게 그것이 검다고 선언해야 한다"고 말했다. 예수회는 인격적이고 지성적이고 건강하며 헌신적인 사람들을 회원으로 받아들였으며, 무려 13년간의 과정을 거쳐 정식 회원이 될 수 있었다. 로욜라가 임종할 때 예수회 회원은 천 명에 이르렀으며 백 개에 달하는 대학과 신학교가 설립되었다. 예수회는 그 후에도 계속 발전해 갔으며, 수많은 회원들과 기관들을 통해 가톨릭교회를 부흥시키는 데 크게 기여했다.

4. 트렌트 공의회

트렌트 공의회는 1545년부터 1563년까지 모두 25회기에 걸쳐 열린 교회 회의였다. 이 공의회는 예수회 학자들인 라이네즈와 살메론이 중심이 되어 교령과 교칙을 작성했다. 루터는 종교개혁을 시작할 때 공의회를 소집하여 교회 개혁 문제를 다루어야 한다고 주장했다. 그러나 루터가 개혁 운동을 하고 있는 동안 이 회의는 결코 열리지 않았다. 그러다가 루터가 죽기 1년 전에 교황 바울 3세에 의해 트렌트에 소집되었다. 이 회의는 가톨릭 측 대표들만 모인 회의로서 루터는 더 이상 이 회의에 기대를 걸지 않았다. 한편 이 회의는 칼빈이 죽은 1564년보다 1년 전에 끝이 났다. 그래서 칼빈은 이 회의의 결정 사항을 다 검토할 수 있었다. 칼빈은 이 회의의 결정에 부분적으로 동의하기도 했으나, 이것은 전체적으로는 종교개혁자들이 받아들일 수 없는 결정이었다. 로마가톨릭은 이 공의회를 통해 자기 갈 길을 가게 되었고 프로테스탄트 측도 더 이상 가톨릭과의 대화가 불가능함을 확인하게 되었다.

트렌트 공의회는 프로테스탄트의 개혁적 이상을 수용할 수 없었으며 프로테스탄트와의 차이를 확인했을 뿐이었다. 그러나 가톨릭에 남아 있으면서 프로테스탄트의 공격에 동요하던 사람들에게 이와 같은 교회의 유권적 해석은 동요를 극복하고 가톨릭교회에 계속 남아 있게 하는 안정제의 역할을 했다.

우리가 지금까지 살펴본 것처럼 종교개혁 시대에 프로테스탄트 측에서 수많은 교리 선언을 발표했다. 이에 로마 교회는 『트렌트 공의회의 교령과 교칙』(1545-1563)을 발표했다.

이것은 로마 교회의 교리를 통합하고 확정한 것으로서, 종교 개혁자들이 성서의 정신과 문자에 직접 호소한 것과는 반대로 중세 공의회들의 결정, 교황의 결정, 교부와 스콜라 신학자들의 사상을 로마 교회의 교의적 체계에 결합시킨 것이다.

트렌트 공의회는 주로 황제 찰스 5세의 발기로 교황 바울 3세가 1545년 12월에 소집한 회의로서 그 목적은 교회의 교리와 기율을 개정하고 성문화해서 치밀한 유권적 체계로 프로테스탄트들에게 대응하기 위한 것이었다. 이 공의회에서 결정한 개혁적인 혹은 반개혁적인 교령과 교칙은 중세의 혼돈을 종결짓고 신앙과 조직과 도덕 문제에 있어서 현대적인 교황 체계로 변화하는 길을 신중하게 열었으며, 그 변화는 마침내 19세기에 와서 이루어졌다. 황제나 그리고 개혁에 관심을 가진 다른 제후들이나 교직자들은 아우구스티누스파의 관점으로 작성해서 종교개혁자들이 받아들일 수 있게 되기를 바랐지만 그 희망은 대부분 좌절되고 다만 의인에 관한 교령만이 그 목표에 부합되었을 뿐이었다. 이 공의회의 작업에서 프로테스탄트들을 배제시킬 수밖에 없었던 것은 예수회의 영향과 교황청 당국의 자체 유익 때문이었을 것이다. 이런 이유로 이 공의회가 프로테스탄트주의에서 표현한 영적 요구를 공정히 다룬다는 것은 사실상 불가능했다.

이 공의회는 모두 25회기로 모였는데 1545-1547년에 바울 3세 하에 트렌트(1-8회기)와 볼로냐(9-10회기)에서, 1551-1552년에 율리우스 3세 하에 트렌트(11-16회기)에서, 1562-1563년에 피우스 4세 하에 트렌트(17-25회기)에서 모였다. 이 25회기 전체를 통해 그 절차는 길고도 불안한 교회적, 신학적 외교와 전략의 연속이었다. 그리고 그 발표문은 모두 대립되는 견해들을 생각하거나 혹은 모호한 표현을 써서 조정한 타협안이 될 수밖에 없었다. 아우구스티누스파 사상이 표면에 나타나 있는 반면, 펠라기우스파나 반펠라기우스파의 입장을 가진 스코투스파와 예수회파의 견해도 조심스럽게 표명되었다. 유능한 예수회 학자들인 라이네즈와 살메론은 교황청의 신학자라는 권위를 가지고 초안을 작성하고 논쟁하는 전 과정에서 가장 큰 영향력을 발휘했다. 작성된 문서는 그들을 반대하는 자들의 용어로 표현되기긴 했지만 그 안에 담긴 내용은 대체로 그들의 입장이었다.

여기서 교령들은 교리에 대한 적극적 진술, 즉 긍정적인 논제들이다. 교령들 다음에 나오는 교칙들은 반대되는 주장들을 짤막하게 진술하고 나서 정죄한 것으로서 각각 저주의 말로 끝맺는다.

제3회기에서는 "신성하고 거룩하며 세계적이고 전체적인 트렌트 대회"가 하나의 신앙고백을 확정해서 선포한다고 말한다. 그 신앙고백은 "거룩한 로마 교회가 사용하고 있는 신조로서 그리스도에 대한 신앙을 고백하는 모든 사람들이 반드시 동의하는 그 원칙"이라고 한다. 여기서 제시된 신조는 니케아 신조로서 콘스탄티노플 공의회의 개정과 서방 교회의 추가를 거친 형태의 신조이다.

제4회기에서는 총회 역사상 처음으로 교리의 근거들을 다룬다. 여기서는 성서와 "성문화되지 않은 전승"을 대등하게 둔다. 성서는 라틴어 불가타역만 인정하되 외경을 포함시키고 있다. 성문화되지 않은 전승이란 "사도들이 그리스도 자신의 입으로부터 받은 것이나 아니면 성령이 사도들에게 불러 주어 사도들 자신으로부터 마치 손에서 손으로 전달되듯 우리에게 까지 내려온 것이며", "지속적인 계승에 의해 가톨릭교회 안에 보존되어 있는" 것인데, 가톨릭교회는 그것을 정통 교부들의 본을 따라 "동등한 경건심과 존경으로" 받아들인다고 한다.

제5회기에서는 원죄에 관해 타락으로 말미암아 인간이 상실한 것은 초자연적인 은사에 의해 보충되나 인간 본성 안에 내재해 있는 것은 그대로 있다고 하는 교리를 승인한다. 그리고 "자유 의지는 파괴된 것이 아니라, 약화되었다"고 말한다. 끝으로 동정녀 마리아는 원죄와 무관하다고 말한다.

제6회기에서는 득의에 관한 16장의 교령과 33개나 되는 교칙을 발표했다. 1장에서는 인간은 본성에 있어서나 율법에 의해서 의롭게 될 수 없다고 한다. 2장에서는 그리스도 강림의 경륜과 신비를 다룬다. 3장에서는 그리스도가 모든 사람을 위해 죽었지만 그의 수난의 공로를 전달받는 자들만 그의 죽음의 유익을 받는다고 말한다. 아담에게서 태어나지 않은 사람들은 아담의 죄를 나누어 가지지 않듯이 그리스도 안에서 다시 태어나지 않은 사람들은 그리스도의 공로를 나누어 가질 수 없다고 한다. 4장에서는 복음이 선포된 이후로 아무도 중생의 놋대야(즉 세례)나 혹은 그것을 원하는 마음이 없이는 은총의 상태로 옮겨질 수 없다고 말한다. 5장에서는 "성인成人들에게 있어서는 의인의 시작이 예수 그리스도를 통한 하나님의 앞선 은총으로부터 유래된다. 즉 그들에게는 아무 공로도 없지만 그들을 부르신 하나님의 부름을 통해 득의가 시작된다. 그래서 죄로 말미암아 하나님으로부터 소외되었던 그들이 하나님의 소생시키고 보조하는 은총으로 말미암아 자유롭게 이 은총에 동의하고 협력함으로써 득의로 향해 스스로 돌아설 그들 자신의 마음을 가지게 된 것이다. 그래서 하나님이 성령의 계명(啓明)에 의해 인간의 마음에 접촉할 때, 인간이 그 영감을 거부할 수도 있는 것으로 보아 인간이 그 영감을 받을 때 완전히 무력하지는 않다. 하지만 또한 하나님의 은총 없이 그 자신의 자유 의지에 의해 하나님 앞에서 의를 향하여 스스로 움직일 수도 없다"고 선포한다. 7장에서는 득의에 대한 로마 교회의 독특한 교리를 인정한다. 즉, 득의란 "죄를 용서해 주는 것일 뿐만 아니라 은총과 은사를 자발적으로 받아들임으로 말미암아 내적 인간이 성화하고 갱생하는 것이다. 이로써 불의한 인간이 의롭게 된다"고 말한다. "인간은 예수 그리스도 안에 접붙여졌으며 예수 그리스도를 통해서 득의 안에서 죄의 용서와 함께 믿음 소망 사랑 등 동시에 주입되는 모든 은사들을 받는다. 만약 믿음에 소망과 사랑이 첨가되지 않는다면 인간은 그리스도와 완전히 연합될 수 없으며 또한 그리스도의 몸의 산 지체가 될 수 없기 때문이다" 하고 말한다. 8장에서는 "믿음으로 의롭다 함을 받는다"는 구절과 "값없이"라는 구절을 설명한다. 이 구절들은 믿음은 인간 구원의 시작이며 모든 득의의 기초와 뿌리이지만 믿음은 선행과 마찬가지로 그 자체로는 득의의 은총을 위한 공적이 될 수 없다는 뜻으로 이해되어야 한다고 한다. 9장에서는 이단들의 허망한 확신을 공격한다. 즉, 이단들은 교회와 교회의 의식을 저버리고 득의에 대한 자기들의 개인적 확신에 의존한다고 한다. "오류를 범할 수 없는 신앙의 확실성을 가지고 자기가 하나님의 은총을 받았다는 사실을 알 수 있는 사람은 없다"고 말한다. 12장에서는 "아무도 이 유한한 생애를 살고 있는 한 하나님의 예정의 비밀에 관하여 자기가 예정된 자 가운데 분명히 들어 있다고 확신해서는 안 된다. 의롭다 함을 받은 자는 더 이상 죄를 지을 수 없다거나 죄를 짓는다면 분명히 회개하게 된다는 주장을 진실인 것처럼 생각해서는 안 된다. 왜냐하면 특수한 계시에 의하지 않고는 하나님이 누구를 선택했는지를 알 수 없기 때문이다"라고 말한다. 14장에서는 고해 성사를 교부들의 말을 빌어

"은총의 배가 파선된 후 주어지는 두 번째 널빤지"라고 설명한다. 이것은 그리스도께서 "성령을 받으라 너희가 뉘 죄든지 사하면 사하여질 것이요 뉘 죄든지 그대로 두면 그대로 있으리라"(요 20:22, 23)고 말씀하실 때 제정하신 성례라고 한다. 그리스도인이 타락한 후 회개하는 것은 세례 때 회개하는 것과는 매우 다르다고 한다. 타락 후 회개할 때는 첫째로 죄를 중지하고 죄를 혐오하며, 둘째로 죄를 고백하는 성례를 행하고(최소한 이 성례를 갈망해야 한다), 셋째로 사제로부터 사죄를 받아야 하며, 그리고 넷째로 금식, 구제, 기도 및 기타 경건한 영적 생활에 의해 보상해야 한다고 한다. 이 보상은 영원한 형벌에 대한 것이 아니라 현세적 형벌에 대한 보상이다. 영원한 형벌은 이 성례를 행하거나 아니면 이 성례를 갈망하는 마음을 가지면 죄와 함께 사면된다. 그러나 현세적 형벌은 성서가 가르치는 것처럼 세례 때와는 달리 반드시 완전히 사면되는 것은 아니라고 한다. 15장에서는 모든 무거운 죄에 의해서 은총은 상실되나 신앙은 상실되지 않는다고 한다. 16장에서는 득의의 열매, 즉 선행의 공로와 그 공로의 본질에 대해 다룬다. 하나님은 충실한 노력에 대해 보상해 주시는 분이라고 한다. 성서에서는 영원한 생명을 "예수 그리스도를 통해 하나님의 아들들에게 자비롭게 약속해 주신 은총으로, 또한 그들의 선행과 공로에 대해 정확하게 갚아 주시는 … 보상으로" 설명한다고 한다. 하지만 그리스도인은 자랑할 아무 근거가 없다고 한다. 의는 전적으로 그리스도를 통해 오며 하나님께 속한 것이라고 한다.

제7회기에서는 성례에 대한 총론을 다룬다. 성례를 통해 "모든 참된 의가 시작되며, 시작되었다면 증진되고, 상실되었다면 회복된다"고 한다. 그리고 13개의 교칙에서는 성례들이 모두 그리스도에 의해 제정되었다는 것을 부정하거나 그 숫자가 일곱이라는 것을 부정하는 것, 그 성례들이 구약 율법의 성례들과 다르다는 것을 부정하는 것, 그것들의 가치가 서로 다르다는 것을 부정하는 것, 그것들이 구원에 필수적이라는 것을 부정하는 것, 그것들이 신앙을 키우는 목적 이외 다른 목적도 있다는 것을 부정하는 것, 그것들이 표상하고 있는 은총을 가지고 있으며 그 은총을 베푼다는 것을 부정하는 것, 그 은총은 실시된 행위를 통해 베풀어진다는 것을 부정하는 것, 세례와 견신례와 서품은 지워질 수 없는 자취를 남김으로 되풀이해서는 안 된다는 것을 부정하는 것, 성직자들만 말씀과 성례를 주관할 수 있다는 것을 부정하는 것 등을 정죄하고 있다. 그 다음에는 세례에 대한 14개의 교칙이 나오는데, 그 중 넷째 교칙에서는 "심지어 이단이라도 교회가 행하는 것처럼 행하려는 의도를 가지고 아버지와 아들과 성령의 이름으로" 세례를 베풀었을 경우 그 세례의 타당성을 부정하면 정죄를 받는다고 한다.

제13회기에서는 여덟 장에 걸쳐 성체 성사에 대해 다루고 있으며, 그 다음에 11개의 교칙이 나온다. 성례에 있어서 그리스도의 실제 임재에 관한 1장에서는 빵과 포도주의 축성 후 그리스도, 곧 "참 하나님이며 인간이신 분이 그 감각할 수 있는 그 성체들 안에 참으로, 실제적으로, 실체적으로 포함된다"고 확언하고 있다. 그리스도가 아버지의 우편에 항상 계신다는 사실과 성례전에 임재한다는 사실은 신적인 존재에서는 모순되지 않는다고 한다. "다투기를 좋아하는 악한 사람들이 그것들(성찬 제정의 말씀)을 허구적이고 상상적인 형용구로 왜곡하는 것은 참으로 가장 비열한 범죄이다. 그럼으로써 교회의 보편적인 인식과는 반대로 그리스도의 살과 피의 진실성이 부정된다. 진리의 기둥과 기초인 교회는 불경건한 사람들이 궁리해 낸 이 고안들을 악마적인 것으로 혐오해 왔다"고 말한다. 2장에서는 성찬을 제정한 이유를 열거한다. 성찬은 그리스도의 죽음을 기념하는 것이며 인간 영혼의 양식이며 앞으로 올 영광을 보증하는 것이며 머리이신 그리스도에 붙은 한 몸을 상징하는 것이라고 한다. 4장에서는 빵과 포도주가 그리스도의 몸과 피의 실체로 완전히 변화한다는 화체설을 주장한다. 5장에서는 이 성례에 대해 표시하는 숭배는 단순한 숭배가 아니라 하나님에 대한 예배, 즉 살아 계신 하나님께 합당한 예배 latria라고 규정한다. 그리고 이 성례는 그리스도의 몸으로 행하는 축제임을 인정한다. 6장에서는 성체 보존과 그것을 환자에게 가져다주는 것을 인정한다. 7장에서는 성찬을 준비하기 위해서 신자들뿐만 아니라 가능하면 집례자도 성찬 전에 고해를 하도록 요구한다. 8장에서는 성체를 받는 세 가지 모습을 구별한다. 즉, 어떤 사람들은 단순히 성례적으로 받고, 또 어떤 사람들은 단순히 영적으로만 받으며, 또 어떤 사람들은 성례적으로 받음과 동시에 영적으로 받는다고 한다.

제14회기에서는 고해와 종유식에 대해 다룬다. 고해에 관한 제1장에서는 고해의 필요성과 그 제정에 대해 설명한다. 4장에서는 상등통회(contrition)와 하등통회(attrition)에 대해 설명한다. 상등통회란 죄를 중지하고 새 삶을 목표로 삼고 시작하며 옛 삶을 증오하는 것을 말하며, 하등통회란 불완전한 참회로서 죄의 추악성과 죄의 무서운 결과를 깨닫는 것인데, 이것도 하나님의 은사와 성령의 감동으로 나타나는 것으로 성령이 그 죄인 안에 아직 내재해 계시지는 않지만 사실상 역사하고 있는 것이라고 한다. 5장에서는 가벼운 죄와 무거운 죄에 대한 고백을 설명한다. 8장에서는 보상의 필요성과 그 열매에 대해 설명한다. 9장에서는 보상에 속하는 일들에 대해 설명한다. 종유식에 관한 제1장에서는 사도 야고보가 종유식을 제정한 일에 대해 다룬다.

제21회기에서는 양형 영성체와 유아 영성체에 대해 다룬다. 1장에서는 평신도와 성찬식을 집례하고 있지 않은 성직자들이 양형 영성체를 해야 한다는 것은 하나님의 계율이 아니라고 말한다. 2장에서는 성찬식을 집례하는 방식을 결정하는 것은 교회의 권한에 속한다고 말한다. "두 종류를 사용하는 것이 기독교의 초기부터 드물지는 않았지만" 이 관습은 이미 넓은 지역에서 변화되었으며 "중요하고 정당한 이유들"(구체적으로 말하고 있지는 않다) 때문에 이 변화가 승인되었다고 말한다. 3장에서는 어느 한 종류 아래서 완전무결한 그리스도와 참된 성례를 받는다고 말한다. 4장에서는 아직 이성을 사용하지 못하는 어린 아이들은 억지로 성찬에 참여시키지 말아야 한다고 말한다. 왜냐하면 그들은 세례를 받고 그리스도와 연합했으며, 그 나이에는 양자가 된 은총을 상실하는 일이 없기 때문이라고 한다. 그러나 고대에는 유아 배찬이 합법적으로 행해졌다고 한다.

제22회기에서는 미사의 회생에 대해 다룬다. 5장에서는 미사와 관련된 엄숙한 의식들의 목적에 대해 설명한다. "인간의 본성은 외적 보조 수단들이 없이는 하나님의 일들을 명상하기 위해 선뜻 마음을 높이려고 하지 않기 때문에" 교회는 몇 가지 의식들을 제정했는데, 예컨대 목소리를 낮게 하거나 높게 하는 것, 빛, 향내, 의복 등이라고 한다. 이것들은 "사도적 계율과 전승으로부터 유래된 것으로, 이것들로 말미암아 숭고한 희생의 위엄이 나타나며, 신앙인들의 마음이 신앙과 경건을 표현하는 이 가시적 표적들에 의해 이 희생 안에 숨겨진 가장 숭고한 것들을 명상하도록 자극을 받게끔 한 것"이라고 한다. 6장에서는 사제만 성찬에 참여하는 미사를 승인하는데, 이 미사는 교회 전체를 위한 것이라고 한다. 7장에서는 포도주를 물과 섞을 것을 명한다. 왜냐하면 그리스도가 이렇게 했다고 믿어지며, 또한 이것은 그리스도의 옆구리에서 피와 물이 나온 것을 기념하는 것이다. 또한, 요한계시록 17장 15절에서 백성들을 물이라고 부르기 때문에 물과 포도주의 결합은 그들과 그리스도와의 결합을 나타내기 때문이라고 한다. 8장에서는 모든 곳에서 미사를 자국어로 집례하는 것은 편리하지 못한다고 말한다. 그러나 그리스도의 양들이 굶주리거나 혹은 "어떤 아이가 떡을 구하나 떼어 줄 사람이 없는"(애 4:4) 일이 없도록 하기 위해서 목회자들은 미사 때 읽는 내용들 가운데 어떤 부분, 특히 주일과 축제일에 관한 것을 자주 설명해 주라고 명령한다.

제23회기에서는 성직의 성례를 다룬다. 1장에서는 새 율법에서 제사장직을 제정한 것에 대해 설명한다. "옛 제사장직은 새 제사장직으로 변형되었다." 새 제사장들에게는 그리스도의 몸과 피를 성별하고 봉헌하고 집행하는 권한과 죄를 용서해 주거나 용서해 주지 않을 권한이 주어졌다고 한다. 2장에서는 일곱 성직, 즉 사제, 부제, 차부제, 시제, 구마사, 독서자, 문지기에 대해 설명한다. 이 중 마지막 넷 혹은 다섯은 하위 성직이라고 한다. 4장에서는 상위 성직은 폐지될 수 없다고 말하며, 모든 믿는 자가 제사장이라고 하는 주장은 거짓이고 주교는 사제보다 높은 자로 성직 제도에 있어서 으뜸가는 위치라고 하며, 견신례와 사제 서품은 백성이나 통치자의 동의와는 전혀 무관하게 주교에게만 맡겨진 직책이라고 말한다. 한편 "다만 백성이나 혹은 세속 권세나 관리에 의해 부름을 받고 성직을 맡아 이 직책을 수행하는 모든 자들과 또한 무분별하게 자기 스스로 이 직책을 맡아 수행하는 자들은 교회의 봉사자들이 아니라 문으로 들어오지 않은 절도와 강도로 간주되어야 한다"고 말한다.

제24회기에서는 결혼의 성례를 다룬다. 결혼의 성례는 "하나님의 영의 인도 하에 인류의 첫 조상"에 의해 제정되었으며 그리스도에 의해 확정되었다고 한다. 또한 그리스도는 그의 죽으심으로 말미암아 자연적 사랑을 완성하고 그 불가분의 결합을 굳게 하고 배우자들을 거룩하게 하는 은총을 베푸셨다고 한다. 교칙에서는 결혼이 성례임을 부정하는 것을 정죄하며, 교회가 레위기에서 결혼을 금지한 경우와 비슷한 정도의 금지 규정을 두거나 그것에 첨가할 권한이 없다고 부정하는 것을 정죄하며, 이단이나 배우자 유기나 간음은 이혼의 정당한 사유가 된다고 주장하는 것을 정죄한다. 또한 간음한 배우자가 살아 있는 한 무흠한 편에 결혼할 권리를 인정하지 않으며, 성직자로 독신 서약을 했을 경우 어떤 구실 하에서도 그 파기를 인정하지 않으며, 독신이나 동정이 결혼보다 못한다는 주장을 부정하고 결혼보다 낫다고 말한다. 또한 어떤 시기에 결혼을 금지하는 것은 이교도의 미신으로부터 유래한 것으로 독재적인 미신이라고 주장하는 자들을 정죄하며, 결혼 문제는 교회 법정에서 다룰 문제가 아니라는 자들을 정죄한다.

제25회기에는 연옥, 성자를 향한 기원, 성자 숭배, 성자의 유물, 성상, 사면 제도 등에 대해 올바르고 신중하게 가르치라고 명령한다. 미신적이거나 미개하거나 상행위적인 잘못들은 근절되어야 한다고 한다. 하늘에 있는 성자들에게 기원하는 것은 그들이 인간들을 위해 우리의 유일한 구속자와 구원자이신 성자 예수 그리스도를 통해 하나님 아버지께 중재하도록 하기 위한 것이라고 한다. 그리스도와 동정녀 마리아와 다른 성자들의 성상 안에 신성이나 덕이 내재해 있는 것은 아니나, 그 성상들에게 존경을 표시하는 것은 그 성상들이 상징하고 있는 분들에게 존경을 표시하는 것이라고 한다. 사면 제도를 승인하지만 중용의 도리가 지켜져야 한다고 한다. 이는 "지나친 편법이 되어 교회의 기율이 약화될까 해서이다." 또한 "사면증을 획득함으로 얻는 모든 부당한 혜택들—여기서부터 그리스도인들 사이에 사면증을 오용하는 일이 가장 많이 생긴다—은 전적으로 폐지"되어야 한다고 말한다.

5. 세계 선교

예수회는 유럽에서 가톨릭을 진흥시키는 것도 중요하지만 아직 가톨릭교회가 들어가지 않은 지역에 들어가서 가톨릭으로 개종시키는 것도 중요한 일임을 깨달았다. 그래서 예수회의 창설자 중 하나인 사비에르Francis Xavier를 필두로 수많은 예수회 선교사들이 세계 전역에 나가서 선교 활동을 벌였으며, 다른 수도회들도 선교 운동에 가세했다. 사비에르는 1542년

인도 고아에 와서 선교했다. 그는 우선 인도에 있는 포르투칼인들에게 전도했는데 그의 전도 방법은 특이했다. 그는 종을 치면서 길거리로 다녀 우선 아동들을 불러 모아 교육하고, 이들로 하여금 배운 것을 집에 가서 전하도록 하는 방식으로 전도해서 어른들도 교회로 많이 나왔다. 그 후 그는 인도인들을 상대로 전도하기 시작했다. 주로 하층인들이 기독교로 개종하였으며 기독교로 개종한 사람들이 계급 구별 없이 함께 예배하는 것을 보고 상류층에서는 사회 질서를 문란케 한다고 여겨 대대적인 박해를 하기도 했다. 1549년에는 일본에 가서 수많은 사람들을 개종시켰고 1552년에 중국에 선교하러 가던 중 열병에 걸려 죽었다.

중국에 선교하려고 한 사비에르의 꿈은 마테오 리치와 같은 선교사들에 의해 이루어졌다. 그는 중국식 기독교를 표방하면서 선교했는데 상류층부터 전도하여 하류층을 개종시키는 전도 방법을 썼다. 그는 중국인들을 존경했으며 하나님이 그들에게 뛰어난 이성과 자연 법칙에 대한 지식을 주었다고 믿었다. 또한 그는 제사를 조상에 대한 존경을 표현하는 것으로 보아 인정했다가 반대자들의 비난을 받기도 했다.

노빌리는 사비에르가 인도에서 시작한 선교를 계승했다. 그러나 그는 인도의 전통을 존중한 나머지 인도의 계급 제도를 그대로 인정하여 물의를 빚기도 했다. 그는 자기를 귀족 출신이라고 하면서 인도의 브라만 계층의 의복을 입고 상류층만을 위한 교회를 세우고 하층민들의 출입을 금지시키기까지 했다. 노빌리는 인도의 계급 제도를 악한 것이긴 하지만 문화적인 것이지 종교적인 것은 아니라고 보아 계급 제도를 인정했다.

예수회는 아메리카에도 선교사를 보내기 시작했다. 이 선교 활동에는 도미닉회와 프랜시스회도 동참했지만 브라질과 파라과이에서는 예수회가 크게 공헌했다. 예수회 선교사들은 남아메리카에서 인디언들을 자발적으로 모아 마을을 건설하여 일종의 신정 정치를 실시했다. 인디언들은 스스로 지도자를 선출했지만 선교사들이 최종적 권위를 가지고 이 공동체를 이끌어갔다. 이들 예수회 선교사들은 백인들이 인디언들을 노예로 삼는 것을 강력히 반대했으며 인디언들을 무장시켜 자위하도록 했다. 백인들이 인디언들을 노예로 삼고 억압하던 시대에 예수회 선교사들은 인도주의를 실천함으로써 인디언들에게 존경받는 집단이 되었다.

제10장

종교개혁은 인류 역사에
어떤 영향을 미쳤는가

우선 종교개혁은 근대 민주주의의 발전에 지대한 공헌을 했다. 루터는 만인사제설에 의한 평등 사상, 그리스도인의 자유 사상, 제후의 저항권 등을 주장함으로써 민주주의로 가는 길을 예비하였다. 그리고 칼빈은 루터의 사상을 더욱 발전시켰다. 칼빈은 고대 철학자들의 구분에 따라 정부 형태를 군주정, 귀족정, 민주정으로 나누고 귀족정과 민주정의 혼합정을 가장 나은 정부 형태로 제시했다. 전체 시민들이 덕망 있는 사람들을 뽑아 그 사람들이 상호 협조하고 견제하면서 정치를 해 가는 혼합정이 제네바의 정부 형태였으며, 근대의 대의 민주주의의 모형이었다. 독재에 대한 저항에 대해 칼빈은 아무 관직이 없는 사인에게는 저항권을 인정하지 않았지만 의회에 대해서는 저항권을 강조했다. 칼빈은 "만약 이제 왕들의 방자함을 견제하기 위해 임명된 백성의 관리들이 있다면 나는 그들이 그들의 임무에 따라 왕들의 심한 방자함을 저지하는 것을 금지하는 것이 결코 아니다. 만약 그들이 낮은 일반 민중을 난폭하게 습격하고 욕보이는 왕들에 대해 눈을 감아 준다면 그들의 가식은 극악한 배신이 아닐 수 없다고 나는 선언한다. 왜냐하면 그들은 자기들이 하나님의 배정에 의해 백성의 보호자들로 임명되었음을 알면서 기만적으로 백성의 자유를 배반하기 때문이다"라고 말하였다.

독재자에 대한 백성의 관리들의 저항권을 인정한 칼빈의 가르침은 스위스, 프랑스, 네덜란드, 스코틀랜드, 잉글랜드, 미국 등지에서 민권을 강화시키고 민주주의적 방향으로 나가는 데 큰 공헌을 했다. 프랑스에서는 칼빈주의적 위그노 운동이 실패함으로써 한동안 절대 왕정으로 나갔지만 위그노 운동 때 나온 저항 사상은 마침내 프랑스 시민 혁명으로 결실을 맺게 되었다. 1579년에 익명의 위그노에 의해 출판된 『폭군 토벌론』에서는 권력은 하나님께 속한 것으로 하나님이 인간들에게 위임한 것이며, 다시 민중들이 계약에 의해 그 권력을 왕에게 위임한 것으로 보았다. 그래서 왕이 하나님의 뜻에 반할 때와 왕이 민중과의 계약을 위반하고 폭군이 될 때 민중들이 저항하는 것을 합법적으로 보았다.

스코틀랜드에서는 칼빈의 제자인 존 녹스와 "하나님의 말씀의 회중"이라는 집단이 협력해서 메리 여왕을 축출하고 의회의 기능을 강화시키고 종교개혁을 완성했다. 영국에서는 칼빈주의자들인 청교도들이 1642년 청교도 혁명을 일으켜 국왕을 처형하고 공화정을 실시했다. 청교도 혁명의 지도자인 크롬웰이 죽고 평등주의자들의 과격한 요구에 불안을 느낀 중산층이 왕당파로 기울어짐으로 1660년 왕정 복고가 이루어지긴 했지만 청교도적인 민주주의의 이상은 지속되었고, 1688년 명예혁명으로 영국은 세계 최초로 입헌 군주제 국가가 되었다. 영국에서 박해받던 청교도들이 신대륙으로 건너가서 개척한 미국은 일찍부터 민주주의적 방향으로 나아갔으며 마침내 독립 전쟁으로 민주주의가 정착하게 되었다.

독일의 종교 사회학자인 베버가 『프로테스탄트 윤리와 자본주의의 정신』에서 주장한 것처럼 프로테스탄트, 특히 칼빈주의는 자본주의의 발전에 큰 영향을 미쳤다. 베버의 주장에 대해 여러 가지 정당한 비판이 있었으며 칼빈주의가 나타나지 않았다 하더라도 서구 사회가 자본주의 사회로 발전했을 것이지만 칼빈주의로 인해 이 발전이 가속화되었다고 할 수 있다. 칼빈 당시의 제네바는 주위에 농지를 가지고 있었으나 농업 생산만으로는 생활이 어려워 상업 활동을 해야 했다. 루터도 기독교적 방식으로 상업 활동을 할 수 있다고 말하였지만, 칼빈은 상업을 더욱 강조하였다. 칼빈은 상공업을 천부적인 직업으로 보았다. 중세 교회가 아리스토텔레스의 이론에 따라 돈에 증식성이 없다고 본 것과는 달리 칼빈은 산업 자금의 증식성을 인정하면서 "농지를 빌려 주고 지대를 받는 것은 합법적이고, 돈을 빌려 주고 그 열매를 받는 것은 불법적이란 말인가" 하고 반문하면서 사업 자금에 대한 적절한 이자를 인정했다. 이처럼 칼빈은 상공업을 지지했으며 그리고 상공인들은 칼빈의 가르침을 선호했다. 제네바에는 수많은 상공인들이 이주해 왔으며, 프랑스에서는 낭트 칙령이 폐지되어 칼빈주의자들이 프랑스를 떠남으로써 산업이 침체해졌으며 이들 칼빈주의자들은 네덜란드 등 가는 곳곳마다 산업을 부흥시켰다.

종교개혁의 좌파인 재세례파나 급진주의자들의 이상도 현대 사회에 큰 영향을 미쳤다. 기독교의 이단 사상으로 비유되는 마르크스의 공산주의도 결국은 기독교의 급진적 운동에 그

연원을 가지고 있다고 하겠다. 종교개혁 당시 재세례파는 공산주의적 공동체를 건설하려고 많은 노력을 했으며 영국의 청교도 혁명 중 급진주의자들은 공산주의적 이상을 체계화시켰다. 윈스탄리는 1652년『자유의 법』이라는 저작에서 참된 자유는 모든 사람이 대지와 그 생산물의 이용에 공평하게 접근하는 권리이므로 토지는 공동으로 소유하고 토지의 수확물은 공동으로 관리하고 필요에 따라 꺼내 써야 한다고 주장했다. 관리는 보통 선거로 선출하되 임기를 1년으로 제한해야 한다고 주장했으며 교회를 국민 교육 기관으로 전환해야 한다고 주장했다. 그는 종교인들 때문에 사람들이 하늘을 바라보며 행복을 꿈꾸면서 죽은 후에 지옥에 떨어지지 않을까 두려워하는 바람에 자신들의 천부적 권리를 찾는 데서 멀어지고 있다고 기독교를 비판했다. 이들 급진주의자들은 성직자들에게는 적개심을 보였으나 예수 그리스도는 으뜸가는 평등주의자라고 주장하면서 형제애에 대한 기독교의 가르침이 문자대로 실천되어야 한다고 주장했다.

칼빈주의는 칼빈 당시에 이미 재세례파의 공산주의적 사상과 대결해야 했다. 칼빈은 사유 재산 제도는 타락한 인간들을 견제하기 위해 준 신적 제도로 보았다. 그러나 그는 재산의 공유 제도를 부정하긴 했지만 사회가 가난한 사람들의 복지를 위해 심혈을 기울여야 한다고 보았다. 루터도 걸인들의 구걸 활동을 금지시키고 부모가 없는 고아들, 의지할 사람이 없는 노인들은 국가가 보호해 주어야 한다고 주장했다. 칼빈은 "주님은 우리가 기금이 허락하는 한 곤란에 처한 사람들을 도와서 풍부한 사람도 없고 결핍한 사람도 없도록 우리에게 명한다"고 말했다. 제네바의 구빈원에는 교회 집사들이 파견되어 환자, 노인, 과부, 고아, 가난한 사람들을 돌보아 주었다. 실업자들에게는 일자리를 알선해 줌과 동시에 구걸을 금지시켜 모든 사람이 일하도록 했다. 모든 부모들은 자녀들을 의무적으로 학교에 보내야 했으며 교사의 봉급은 정부가 담당함으로 가난한 학생들에게서 수업료를 받지 않게 했다. 이같이 제네바가 지향했던 복지 사회 제도는 현대 서구 사회의 모형이 되었다. 19세기와 20세기에 스위스, 독일, 미국 등지에서 마르크스의 공산주의를 반대하면서 기독교적 사회주의 운동을 전개했던 사람들은 대개가 칼빈주의적 전통에 서 있던 사람들이었다.

칼빈주의는 근대 문화의 발전에도 큰 공헌을 하였다. 칼빈은 1554년 창세기 1장 16절 주석에서 이렇게 말하였다. "천문학은 알면 즐거울 뿐만 아니라 매우 유익하다. 이 학예가 하나님의 놀라운 지혜를 보여 준다는 사실을 부인할 수 없다." 또한 칼빈은 1559년 판『기독교 강요』에서 철학에 대해 이렇게 말하였다. "나는 참으로 그들(철학자들)이 가르치는 것들이 진실하며, 배우면 즐거울 뿐만 아니라 유익하며, 그것들은 그들에 의해 정교하게 수집되었음을 인정한다. 그리고 나는 그것들을 배우려고 하는 사람들을 막지 않는다." 칼빈은『기독교 강요』의 1559년 판에서 인간에 대한 플라톤의 견해를 다음과 같이 한껏 높이 평가하였다. "플라톤의 견해는 더욱 옳다. 왜냐하면 그가 영혼 안에 있는 하나님의 이미지를 고려하기 때문이다." 칼빈은 땅의 일에 관련된 인간의 활동을 이렇게 예찬한다. "시민적 질서와 규율을 매우 공정하게 확립한 고대 법률가들 위에 진리가 빛난다는 사실을 우리는 부정할 것인가? 철학자들은 자연에 대해 바로 관찰하고 예술적으로 묘사했는데 그들을 눈이 어둡다고 말할 것인가? 논쟁술을 생각하고 조리 있는 화법을 우리에게 가르친 사람들을 지성이 없는 사람들이었다고 말할 것인가? 의학을 발전시켜 우리의 유익을 위해 노력을 다한 사람들을 우리는 제정신이 아니라고 말할 것인가? 모든 수학적 과학들에 대해서는 무엇이라고 말할 것인가? 그것들을 미친 사람들의 고함으로 생각할 것인가? 아니다. 우리는 이들 주제들에 관한 고대인들의 저작들을 높이 찬양하지 않고 읽을 수 없다. … 그러나 우리는 동시에 그것이 하나님으로부터 나온다는 것을 인정하지 않고 어떤 것을 찬양할 만하거나 고상하다고 생각할 것인가? … 우리는 인간 본성이 그 참된 선을 빼앗긴 후에도 주님이 많은 은사들을 인간 본성에 남겨 두었다는 것을 그들의 예를 보아서 알아야 한다." 칼빈은 여기서 법학, 철학, 논쟁술, 의학, 수학 등 모든 학문적 노력을 높이 평가하고 있음을 볼 수 있다. 그래서 칼빈은 결론적으로 "이 다양성 속에서 우리는 하나님의 형상이 남아 있는 자취들을 보며, 이 자취들이 인류 전체와 다른 피조물들을 구별한다" 하고 말하였다. 스피츠(Lewis W. Spitz)는 칼빈주의가 과학 발전에 크게 공헌했다고 말하였다. "1640년대 이후 프로테스탄트들이 과학자들 사이에 지도적 위치를 담당했다는 사실을 아무도 부정할 수 없다. 루터란, 앵글리칸, 특히 칼빈주의자들이 더 많은 과학적 발전을 이룩하였으며, 이들을 실제 응용, 사용하는 데에도 가톨릭 교도들 보다 훨씬 융통성 있는 것으로 보인다. 그뿐 아니라, 그 비례를 따져 보아도 철저한 칼빈주의자들이 앵글리칸들보다 더 많은 과학자들을 배출하였으며, 1630년에 사망한 천문학자 요한네스 케플러(Johannes Kepler) 이후 19세기에 이르기까지 루터란 측에서는 이렇다 할 과학자가 나타나지 못하였다."

맺 는 글

우리는 지금까지 종교개혁이란 무엇인가 하는 문제를 다루었다. 종교개혁이란 무엇인가? 한마디로 정의하기 어려울 것 같다. 왜냐하면 종교개혁은 하나의 운동이 아니었기 때문이다. 종교개혁은 여러 곳에서 동시에 혹은 선후 관계로 일어난 여러 가지 운동이었다. 루터가 독일에서 종교개혁 운동을 했는가 하면, 거의 동시에 츠빙글리도 스위스에서 종교개혁 운동을 하였다. 루터와 츠빙글리는 50일 간격으로 태어난 동년배의 종교개혁자들이었다.

루터와 츠빙글리의 종교개혁 운동에 비교한다면 급진적 종교개혁 운동은 여러 가지 면에서 그 성격이 달랐다. 그리고 가톨릭의 종교개혁 운동은 이들 종교개혁 운동들과는 확연히 구별되었다.

그럼에도 불구하고 루터나 츠빙글리나 부처나 칼빈과 같은 많은 종교개혁자들은 상당히 비슷한 사상과 교회 개혁의 청사진을 가지고 있었다. 우리는 이들 개신교 주류 종교개혁자들을 중심으로 종교개혁에 대해 어떤 정의를 내릴 수 있을 것 같다.

종교개혁은 무엇보다 신율 사회, 신율(神律) 문화를 지향한 운동이었다. 중세는 교회가 정치, 경제, 사회, 문화 등 사회의 모든 면을 지배하였다. 중세는 한 마디로 타율(他律) 사회였다. 여기에 반발하고 나온 운동이 문예부흥운동이었다. 문예부흥운동은 문화의 자율(自律) 운동이었다고 할 수 있다. 문예부흥운동 연구가들은 흔히 문예부흥운동의 특징으로 개인주의, 세속주의, 기존 권위에 대한 비판을 들고 있다. 교회가 지배하던 구조에 대한 반발이었다고 할 수 있다.

루터는 문예부흥운동을 받아들였다. 그러나 그는 문예부흥운동을 전적으로 받아들인 것은 아니었다. 인문주의자인 로렌조 발라는 콘스탄티누스 황제가 교황에게 서로마제국을 양도하고 전 세계 교회의 관할권을 주었다고 하는 '콘스탄티누스의 기증서'가 위조문서임을 입증하였다. 루터는 교황청을 비판할 때 로렌조 발라의 이 비판을 원용하였다. 인문주의자인 에라스무스는 그리스어 성경을 출판하였는데 루터는 에라스무스의 그리스어 성경에 근거하여 중세 교회를 비판하였다. 예컨대 중세 교회가 사용해 온 라틴어 번역인 불가타에서는 마태복음 4장 17절의 예수님 말씀이 "고해 성사를 하라"로 되어 있으나 에라스무스의 그리스어 성경에서는 "회개하라"로 되어 있었다. 루터는 그리스어 성경에 근거하여 고해 성사는 성경에 근거하지 않았고, 그래서 성례가 아니라고 주장하였다. 그러나 루터는 문예부흥운동 속에 있던 세속주의는 거부하였다.

부스마는 칼빈 전기를 쓰면서, 칼빈 전기는 16세기의 전기라고 보았다. 부스마는 칼빈은 미궁과 심연을 다 두려워한 사람이었다고 말했다. 미궁은 그 안에 들어가면 나올 수 없는 곳이며 속박을 상징한다고 볼 수 있다. 심연은 발붙일 곳이 없이 떨어지는 곳이다. 자유를 넘어 통제가 불가능한 상태라고 할 수 있다. 칼빈이 보았을 때 중세가 미궁의 사회였다면 문예부흥은 심연의 상태였다는 것이다. 부스마는 16세기는 미궁과 심연과 씨름하는 시대였으며, 칼빈도 그 두 문제를 극복하기

위해 씨름하였으므로, 칼빈의 초상화는 16세기의 초상화라고
보았다. 부스마는 나아가서 미궁과 심연을 다 극복하는 것이 인
류의 문제이므로 칼빈은 인류의 문제에 대한 대답이 될 수 있다
고 보았다.

중세가 교회가 지배하던 타율의 사회였다면, 문예부흥은
이 타율에 반발하고 자율을 주장하던 운동이었다고 할 수 있
다. 그러나 종교개혁자들은 타율도 자율도 아닌 제3의 길을
모색하였다. 그것은 신율 사회, 신율 문화였다. 신율은 자율이
아니라는 점에서 타율이라고 할 수 있으나 그것은 내 안에 있
는 신의 법이므로 타율은 아니다. 신율은 내 안에 있으므로 자
율이라 할 수 있으나 그것은 항상 나를 초월하므로 자율이 아
니다. 유한한 인간이 끊임없이 자기를 초월하여 보편성을 추
구할 때, 그는 신율을 지향하고 있는 것이다.

종교개혁자들은 두 왕국, 또는 두 정부를 주장하였다. 결국
그들은 교회와 국가를 구별하였다. 교회가 할 일이 따로 있고
국가가 할 일이 따로 있다는 것이었다. 교회가 국가를 지배하
는 중세의 신정정치의 원리를 거부하고 국가의 자율성을 주장
한 것이다. 그러나 그들은 여기서 멈춘 것이 아니었다. 국가는

자율권을 가지지만 마음대로 할 수 있다고 보지 않았다. 국가는 때로는 성직자들의 비판을 경청해야 하며, 무엇보다 형평(equity)의 원리를 따라야 한다고 보았다. 여러 사람들이 상호 조언하고 견제해야 한다고 주장하였다. 칼빈 같은 종교개혁자는 백성이 관리를 선거로 선출하고 관리는 법에 따라 통치하는 것이 가장 바람직한 정치 제도라고 주장하였다. 루터는 제후들의 저항권을 주장하였고, 칼빈은 의회의 저항권을 주장하였고, 익명의 칼빈주의자는 민중 저항권을 주장하였다. 칼빈주의자들은 민주주의를 선호하였지만 민주주의가 선동가들의 선동에 의해 잘못된 길을 가지 않을까 염려하였다.

종교개혁자들은 중세 교회가 경제를 통제하는 데 대해 비판하였다. 칼빈은 이자를 금지한 교회의 관례를 비판하였다. 루터는 중세 교회의 많은 축제들로 인해 경제 활동을 위축시키는 것을 비판하였다. 종교개혁자들은 물품에 대한 공정 가격을 정할 것을 원했지만, 그것이 불가능할 경우 시장의 수요 공급의 원리에 따를 것을 추천하였다. 그 대신 매점매석과 같은 불공정한 거래들을 강력히 비판하였다.

종교개혁자들은 당시에 나타난 일부 재세례파의 '공산주의적' 사상을 강하게 비판함과 동시에 많은 기금을 모아 가난한 자들을 보호하는 사회가 되기를 원했다. 루터나 칼빈은 모든 사람들이 자기의 소명인 직업을 통해 이웃을 섬기기를 바랐지만, 신체장애자나 노약자나 가난한 사람들은 국가가 보호해 주어야 한다고 주장하였다.

종교개혁은 무엇보다 종교의 개혁 운동이었다. 종교개혁자들은 '오직 은혜'를 주장하였다. 인간이 구원받는 것은 은혜로 되는 것이므로 구원을 위한 공로를 배격하였다. 중세의 사람들이 구원을 받기 위해 얼마나 종교적 노력을 하였는가. '오직 은혜'는 종교의 속박으로부터 인간을 해방시켜 주었다. "안식일이 사람을 위하여 있는 것이요 사람이 안식일을 위하여 있는 것이 아니"듯이 종교가 사람을 위하여 있지 사람이 종교를 위하여 있는 것이 아니라고 종교개혁자들은 생각하였다. 이제 종교적 일로부터 해방된 사람들은 자기의 직업을 통해 이웃을 섬기도록 부름을 받았다는 것이다.

종교개혁 운동은 사회 전반을 개혁하려는 운동이었다. 그것은 사회 전반을 교회의 통제에서 풀어주어 자율적으로 움직이게 하는 운동이었다. 그런 점에서 문예부흥운동과 맥락을 같이 하였다. 그러나 자율이 통제 불능으로 빠져 들어가는 것은 용인할 수 없었다. 종교개혁자들은 일부 재세례파가 주장하듯이 구약의 법에 따라 사회를 이끌어가기를 원하지 않았다. 구약의 법은 구약 시대에 주어진 것으로 그 시대에만 적용되어야 하고 지금은 형평법의 원리에 따라 그 사회에 맞는 새로운 법을 만들어야 한다고 보았다. 그러나 십계명 같은 도덕적 법은 여전히 유효한 것으로 보았다. 그들은 어떤 보편성의 원리가 지배하는 사회를 원하였다.

교회가 신율적 원리를 제시하지 못하고 세상의 자율에 맡겨 둔 20세기는 통제 불능의 사회였다. 파시즘과 나치즘이 나타나 수많은 사람들을 죽음으로 내몰았다. 공산주의가 나타나 수많은 사람들에게 고통을 안겨 주었다. 교회는 하나님이 사랑하시는 이 세상을 더 이상 세상의 자율에 맡겨 두어서는 안 될 것이다.